U0045521

六祖壇經
輕鬆讀

蕭振士 /著

How to read The Altar-Sutra easily

我昔初機學道迷，
萬水千山覓見知。
明今辨古終難會，
直說無心轉更迷。
蒙師點出秦時鏡，
照見父母未生時。
如今覺了何所得？
夜放烏鴉帶雪飛。

警玄禪師

目次

序　言

《六祖壇經》一直是中國甚至近代世界各國佛學、禪學研究者或佛教界所津津樂道的一本曠世經典。其中原因除了六祖惠能傳奇的一生之外，主要的原因還是在於此經對當前世界禪學重大的影響與主流的地位。

世界禪學主要受近代日本禪學的影響，西方世界認識禪學幾乎都來自日本，日本禪學則源自於中國惠能門下南禪所傳的臨濟宗與曹洞宗。惠能的禪法源於南北朝時由南印度東來的菩提達摩，達摩所傳的禪法，在歷經五代，到五祖弘忍之後，產生了重大的變革，《壇經》便是這項變革的思想精華。

近人胡適曾對《壇經》從內容到版本作了研究、比對，認爲此經並非惠能弟子法海彙整惠能說法的記錄，而是神會及其弟子所作。這段論辯持續了約有五十年之久，最終的結果仍是以傳統的看法，法海所輯受到多數人的肯定。但此經的價值是在於內容，而不在於作者。本書的目的也不在於作者是誰的探究，而是希望提供一個閱讀這本曠世鉅作的方便而正確的方法，因此不涉入作者何人的爭辯中。

《壇經》值得吾人一讀再讀的原因可歸納如后：

一、此經是佛典中唯一被稱為「經」的中國人作品。佛典可分爲經、律、論三類，唯佛陀所說才稱爲經，《壇經》爲中國人所作而稱爲經，可見其地位之重要。

二、此經是佛教傳入中國數百年後，代表佛教中國化的里程碑。佛教從漢末傳入中國後，早期以神怪之說爲主流，隨著各種經典譯成漢文之後，則形成各家各執一經，依經演繹教義的現象。接著便是各種宗派相繼出現，如三論、華嚴、天台等宗，但仍舊是宗於印度所傳經典。《壇經》的出現，汲取了各種重要的大乘經典，如《涅槃經》、《維摩詰經》、《金剛經》、《楞伽經》等思想，溶入中國的固有文化，形成獨樹一幟的《壇經》。

三、破除一切形式主義，回歸佛陀的智慧解脫。佛陀的本意即是覺悟者，佛陀宣傳的教義本來就是透過對生命眞實、透徹的認知，找到人的定位而開啓生命的價值，進而獲得解脫。但隨著時間的演變，原始佛教所反對的偶像崇拜等，反而逐漸使佛教走上形式主義；業報輪迴思想也逐漸主導信徒的思想行爲。《壇經》的思想，重新彰顯佛陀解脫道的思想，並使今生獲得解脫成爲可能。

四、重視人的價值。惠能倡導自性解脫，並以此作爲思想的主軸，認爲人人都具有佛性，人人都可以透過自性的開發，解脫一切束縛，彰顯每個人都有存在的價值及主體的地位。眾生平等的佛陀教義，在自具佛性的思想下，得到充分的肯定。並使佛教由消極的面向，走入積極的面向。

五、影響後世佛教的發展。自唐末以後，中國佛教逐漸形成淨土宗與禪宗兩大主流，惠能的禪法，即是此後禪宗的主要思想內容。惠能主張實踐的修行法，同時摒除了佛教在中國發展中，趨向佛學理論探討的偏向，使佛教重新回歸到大眾的生活中。惠能入世的修行觀，更吸引了眾多的俗家信徒，使佛教更深入民間，不分僧俗。

本書原文採用曹溪原本，並參考丁福保《六祖壇經箋註》，譯文採與原文上下對譯，方便讀者閱讀。每一品後面所作的說明文字，一方面解說各品的宗旨，一方面對部份名詞作了解釋，希望帶給讀者更多的方便與清晰的思路。

文前另外對禪宗、《壇經》及六祖惠能作了簡介，及釐清彼此的關係，目的是希望讀者在閱讀《壇經》之前，能以寬大的視野了解此經的價值與歷史地位，掌握此經的意旨。《壇經》不僅僅是佛教的重要典籍，更是現代人修心、獲得自在的良師益友！

禪宗・六祖・壇經

一、禪宗與壇經的傳承及變

在中國談禪宗，一般均指以惠能禪法爲中心的南禪。但依據《壇經》所述，禪宗實可上接西天（印度）二十八祖，傳來中土則以達摩爲始祖，五傳至惠能。就實質內涵而言，禪宗也是一路不斷發展，不斷改變，最後才形成具有中國特色的禪法。禪宗的教義，在流變的過程中，也從未曾脫離佛教的基本理論。

禪宗標榜「教外別傳，不立文字，直指本心，見性成佛。」這是將禪宗與其它宗派作基本區隔的說法。「教外別傳」指的是在傳統經典之外，另設的一門傳心法門，也就是釋尊在靈鷲山對衆人說法，大迦葉「拈花微笑」印心，不依經典傳下的法門。「不立文字」指不受文字拘束，不執著於文字，並非否定文字。「直指本心，見性成佛。」指禪定法門探討的是直接從人的心性去覺悟，能見悟本性便是佛，不是另外有一個佛的具相獨立存在。禪徹底打破形式主義，打破一切外相或外在事物的拘束，要求直接由心性上去修行、覺悟。這「直指本心，見性成佛」在方法上實際已脫離達摩所傳禪法，因爲南禪已不透過（或依賴）清淨、坐禪的功夫，直接到自性中去追求佛道，充份表現惠能禪法的特色。

「禪」的原意是靜慮、思維修，指專注思維，證悟解脫之意。這中間含有兩層重要的意義：一是思維，二是自力。思維是活動的，不是死寂的；自力是主動的，不是依賴的。常人信仰宗教，往往帶有依靠、被動的心態；尋求解脫生死，也往往存有依靠佛力的念頭。但是依惠能的意旨，存有這種心態，不可能有絲毫的成就。因爲禪本來就是極端強調自力的修行法。

「禪」的修行法也不是佛教或釋迦牟尼所獨創。早在釋尊創教之前，禪就是印度的修行者普遍使用的修行法。當然，禪也不是只有禪宗才有的修行法，佛教的其它宗派同樣把禪作爲修行的法門。因此，要了解禪宗或惠能的禪法，便不能把禪宗獨立出來，必須把禪宗放在佛教的理路中去思維、了解，才能掌握禪的眞正意涵。

其次，禪宗雖然自成一個宗派，但禪宗並不像其它宗派，有「定於一尊」或一成不變的理論，而是不斷變化的。吳汝鈞先生將禪的發展與變，分爲兩類：分解的路向、綜合的路向。

分解的路向可名之爲「即清淨心是佛」的路向，……達摩和早期的禪法便是屬於這一路向，北宗禪也屬這一路向，這種禪法又稱爲「如來禪」。……至於第二種路向，我們稱之爲綜合的路向，這一路向可說是禪的主流，它從人的平常心或一念心講，即就人的平常心、一念心當下作一轉化而成佛。……這是「一念妄心是佛」的路向，我們也稱之作「祖師禪」。……分解的路向近於華嚴宗，而綜合的路向則近於天台宗。

禪宗在盛唐時走出兩種完全不同的路向，但是仍舊在佛教義理的範疇之內，華嚴、天台都可以找到這些蹤跡。後來的發展，雖然南宗獨盛，也不是完全摒棄北宗禪法，直到今日，禪仍舊是如此，只不過扛的是南宗的大旗。

一般談中國的禪宗，大多將惠能的時代作爲禪法的分水嶺，六祖惠能之前的清淨禪稱爲如來禪，惠能之後的頓悟禪稱爲祖師禪。這種分法明顯地有彰顯六祖開啓一代禪法的味道，但往往讓初學者摸不清實質內涵，首先碰到的是「祖師」指的是誰？是達摩還是六祖？目前也有許多學人主張達摩所傳就是祖師禪。其次是六祖以後的禪法就沒有「如來禪」的成份嗎？答案當然是否定的。依個人的意見，六祖以前的禪法可稱為「印度禪」，六祖以後可稱為「中國禪」，兩者當然是存在著傳承的關係，也表現出變的特色。印度禪可溯至佛教創生之前；中國禪則在惠能之後，仍舊是變動的，並非此後便定於一尊。這樣的說法，應該是更符合事實。

對「禪」不妨從更廣闊的角度去理解，因為禪本來就早於佛教存在。禪是一種修行的方法，是超越宗教範圍的修行法，在古印度佛教創生之前，便是印度修行人常用的修行手段，透過靜與定的手段達到修行的目標，古印度修行人的「叢林宴坐」便是。佛教創立以後，佛陀才將之引入，作為佛教徒的修行方法之一，並成為廣泛的修行法。傳到中國以後，因為禪坐的目的即在追求專注，所以經常與「定」共用，形成「禪定」，禪定在佛教中又往往被稱為「止觀」，定即止，求定的目的即在觀照，觀照即是希望藉觀照佛身及其德行或自心，達到成佛的目標。

禪宗以「禪」立宗，即是重視實踐修行的表現。達摩東來以後，回答梁武帝造寺度人有沒有功德的問題時，直指這些只是「人天小果」，頂多就是在往生時獲得善果，轉生善道（人、天道），並不能因善行而脫離輪迴業報。達摩以為眞正的功德是「淨智妙圓，體自空寂，如是功德，不以世求。」宣告尋求佛道不是在追求人天善道的有限目標，而是透過清淨與智慧，達到空的實相，進入解脫道。禪宗既然以達摩爲第一代東土祖師，求佛道的目標，當然是解脫道，且不離清淨與智慧。這便是吾人認識禪宗所應具備的基本概念，也是禪宗的主旨。

其次便是達摩所說的「不以世求」。達摩以清淨與智慧爲求道的方法，加上「不以世求」，自然要走上出世的叢林靜修。準此，便不難理解爲何達摩會面壁九年，終日常坐不動了。這也是達摩禪法與惠能禪法最大的差異之處。達摩主張清淨的禪修，以禪坐追求清淨；惠能則以「平常心」，承認世俗的一切，反過來以《維摩詰經》「直心是道場」追求入世的修行。這是禪法在中國發展的主要脈絡，也是禪宗中國化的關鍵處，讀者不可不識。由於反對一味清淨的禪法，惠能所開啓的「平常心」禪法，影響了中國禪宗發展至鉅。

佛陀求道之初，曾以苦行、訪求名師爲手段，最後還是回歸到自我智慧的解脫法，這也是禪宗爲什麼自己認爲是「教外別傳」的原因。禪宗認爲本身繼承了佛陀的這種自我解脫的精神，《壇經》中處處可以看到惠能以自性爲解脫的核心，相對地反對依靠外在力量的成就。「迷人念佛求生於彼，悟人自淨其心。」就是這種精神的體現。兩者的不同，是佛陀強調智慧的方法；惠能強調自性作核心。

惠能極力排除一切外在事物的干擾，目的就在教導門人，不可有任何的執取心。在惠能臨入滅時，對自己的生命猶抱著「諸佛出現，猶示涅槃。有來必去，理亦常然。吾此形骸，歸必有所。」門人問他法衣「傳付何人？」他也只說「有道者得，無心者通。」法衣傳到他本人，即不再往下傳，畢竟佛法也是外物，不必執取。

從上所述可知，禪是佛教的重要修行法門之一，禪宗重視並繼承了佛教的這個實踐法門，《壇經》也繼承了禪宗重實踐的修行觀。但這中間是流變的，不是一味的全面傳承，惠能的《壇經》是禪宗中國化的一大關鍵，此後的禪宗雖以惠能禪法為主流，但並未放棄傳統的清淨禪法，也依然是流變的。

二、六祖的時代背景

當時的佛教概況

要了解六祖惠能，首先要對他生存的時代有所了解。就社會、經濟、政治等層面看，惠能二十四歲正當公元六六一年唐高宗在位時。此時正是唐朝太平盛世時代，也是中國歷史上各種文化大溶合的時代，在沒有門戶之見的胸懷中，佛教雖是外來宗教，卻能在中土大放異彩，成為當代宗教信仰的主流之一，與中國傳統的道教、儒教並駕齊驅。

就佛教本身在中國的發展而言，佛教自漢末傳入中國以後，歷經五百年的發展，從最初附庸黃老之術，講祈福避禍、長生不老，漸漸發展為精研經典，百家爭鳴的盛況。佛教在中國到了惠能的時代，經由譯經所帶來的發展，無論在儀軌、修行、義理等各方面，印度佛教的植根工作，實已到達成熟的階段。

三論宗、華嚴宗、天台宗等影響中土佛教甚鉅的中國宗派，早在惠能之前都已出現，並依據經典建構出自己完整的理論體系。較晚出現的淨土宗，實際創宗的善導也早於惠能約二十～三十年。根據這些背景資料，可以約略判斷惠能的時代，正是中國佛教傳承印度佛教，達到最輝煌的年代，各種傳自印度、中亞的佛教理論，正在一個包容萬物的中國大地上，各自盛開，各自開疆闢土，形成百花齊放的瑰麗世界。惠能在這樣的時代裡，自然能有容攝各種思想的機會，這當中，除了來自印度的佛教思想，自然包含中國固有的文化內涵。

身世背景

惠能出生於公元六三八年，圓寂於公元七一三年，歷經唐代太宗、高宗、中宗、睿宗、武則天及玄宗的時代。也就是經歷了唐的全盛時期，及武后的動亂，但基本上還算是一個安定的時期。

初唐時期，中國在經過五胡亂華之後，經濟、文化的重心，實際上已逐漸轉移至長江中下游。華中的文化水平在經濟的帶動下，並不輸給中原一帶，禪宗的發展也以長江中下游爲中心。但從惠能一生的行腳看，除了黃梅求法之外，一生足跡未出嶺南。當時的嶺南一帶，仍被視爲蠻荒之地，教化之風未盛，能出現一位曠世的奇人，不由不令人驚嘆！

惠能早年喪父，與母親相依爲命，靠砍柴、賣柴度日，未能受良好的教育，這大約是可以肯定的。他的祖上也曾在朝爲官，貶謫之後才來到新州，應該也是受過文化薰陶的家庭。若說他一生七十六年的歲月中，未曾習得一文一字，就未免讓人存疑。合理的推斷是，惠能年少時期未受良好的教育，應該是可以肯定的。但是在得五祖傳法後，應該經歷過一段學習經文的時期。爲什麼作這樣的推論？首先是惠能得法在二十五歲時，此後到傳法的時間，中間有十四年（三十九歲開始出家傳法，一說二十九歲。）的空窗期。依據《壇經》的說明，這段期間惠能是隱居在獵戶隊中。但實際上獵戶隊的生活並非長期定居深山，而是游走在深山與城市中。如果說惠能隱居在獵戶的獵寮中，應該是比較合理的，也是較接近事實的。在這十多年的隱居生活，就是惠能潛心學習佛經的時候。

其次，《壇經》中惠能的說法，經常藉著各種佛經的內容，闡述自己的觀點。

其中最常提到的就是《金剛經》、《涅槃經》，其餘的有《維摩詰經》（淨名經）、《法華經》、《無量壽經》等。在佛學理論上，除了上述諸經之外，惠能更表現出《楞伽經》、《大乘起信論》及《中論》的思想。尤以惠能所說的「三十六對法」，在惠能以前根本未曾有人提出，此三十六對法，正是龍樹否定兩邊，取其中的《中論》論理方法。這些佛學理論均是相當艱深而難以理解，不藉著文字表達，光以口語說明，要如何學習？真讓人無法想像！遺憾的是《壇經》對惠能的這段學習過程隻字未提。

三、壇經的思想特色

佛法非關文字，《壇經》的重點也不在釐清惠能到底識不識字的問題，而是《壇經》對佛教的貢獻及其思想特色。以下就《壇經》的思想特色，分述如后：

融合大乘思想

就理論而言，發源於印度的大乘思想，可約略分爲有宗與空宗。般若思想代表空宗思想；唯識思想代表有宗思想。稍後發展出來的如來藏思想，基本上仍可視爲有宗，但在印度並未盛行，反而是來到中土之後，才受到重視。

印度佛學思想傳入中國以後，各派思想雖然不再壁壘分明，但依據經典各弘一法的現象卻也依然存在。如三論宗即是空宗的代表；法相宗即是有宗的代表。惠能身處的時代，正是佛學百家爭鳴的時候，他的思想明顯地融入了當時流行於中國的《金剛經》、《涅槃經》及《楞伽經》的思想。《金剛經》代表空宗的般若思想；

《涅槃經》及《楞伽經》分別代表如來藏及唯識思想。溶合性的思想，形成有別於印度的佛學特色。

發揚人本的宗教思想

世界各種宗教，往往因為強調神的神聖性與不可侵犯，使宗教的創造者——人的地位反而不如宗教的神聖者——神的地位。人在神聖者面前，變得渺小而馴服，這似乎是宗教信仰的宿命。但佛教的眞正內涵，則非如此。佛陀的本意即是覺悟者，人透過覺悟而成為神聖者，並非有一個神聖者高於人，或獨立於人之外，先人存在於世界。可惜這種精神在佛教興起後，反而逐漸消逝，取而代之的也是神聖化的偶像。

惠能以佛性本是人人自有，人人皆可成佛，重新拾回佛陀創教的原始精神，人是依靠自我的努力而成佛，不是外力所能成就。大乘佛教雖然以菩薩道的精神，慈悲救度眾生，而認為勝於小乘佛教，但如果以阿羅漢依自力修行得道的精神看，原始佛教的這種自力精神，其實更符合佛陀的原意。大乘佛教興起以後，逐漸重視形式、儀軌，乃至偶像崇拜的現象，反而使佛陀創教的原始精神隱晦不明，形成依靠他力救度解脫，人變得沒有自主能力。惠能認爲「迷人念佛求生於彼，悟人自淨其心。」「東方人造罪，念佛求生西方；西方人造罪，念佛求生何國？」就是要重拾這份人本的自主精神。

自力造作的精神，並非惠能所創，而是佛教的重要思想之一。不但解脫生死的阿羅漢果位，要依靠自力修行，佛教的三世生命觀及業報輪迴觀，同樣是自力精神的表現。衆生今生所得，就是前生所作；欲知來生情形，同樣的可以由今生所爲得知。業報輪迴被形容成負債或積蓄，都是自己造成，也必須由自己去償還或享受，這都是自力精神的具體表現。人的生命價值必須由自己去負責，自己去創造，《壇經》的思想充份說明了這種人本的精神。

重視生命存在的事實與價值

惠能雖然以空的般若觀，建構對宇宙的基本觀念，但絕不是追求消極的空寂，而是肯定存在的事實與生命的活動。定慧品中說：

> 迷人著法相，執一行三昧，直言常坐不動，妄不起心，即是一行三昧。作此解者，即同無情，卻是障道因緣。
>
> 若只百物不思，念盡除卻，一念絕即死，別處受生，是爲大錯。

惠能禪法站在承認生命存在的基本立場，心念的活動被視爲正常的現象，所以行住坐臥都是禪，並不鼓勵常坐不動的禪法，認爲這樣的作法等於「無情」，也就是草木枯石。百物不思，不存任何念頭，也等於死亡，違反了眞正的佛法。從禪坐的意義探討，禪坐的目的是要透過清淨、靜心而悟道，悟道是終極目標，靜心只是悟道的手段、過程。惠能所反對的，正是錯將靜心、清淨當成目的的觀念。

從這些觀念發展下來，便是《金剛經》中所講的「應無所住而生其心」，不要讓心念住留在你的心中，也就是不執著於任何心念。心念來去自如，當心念來時，若是去執取，便會形成鑽牛角尖，愈鑽愈受束縛。惠能提出「無念爲宗、無相爲體、無住爲本」，正是這個意思。無念是心念不住留，無相也是不執著在外相上，因此，無念、無相、無住三者是一體的，是不可分割的。

但吾人必須注意，惠能承認生命存在的事實，承認這世間的一切都是眞實的，包括生命也是眞實的，並非有違佛陀的教義。佛陀的教義中，本來就有世俗諦與眞諦，就世俗諦言，生命與眼前所見、所感知的，本來就是存在的；就眞諦而言，這些都是虛妄不實的，不是永恆存在的，是不可把握的，所以是空。能掌握空的眞諦，便能對一切世事「於世間善惡好醜，乃至冤之與親，言語觸刺欺爭之時，並將爲空，不思酬害。」這便是承認虛妄世界的存在，進而依於空的眞諦，追求眞實的理境。

入世精神

從重視生命存在的事實，很自然地便會發展爲入世的精神。惠能在「無相頌」中，具體地陳述：

> 佛法在世界，不離世間覺；
> 離世覓菩提，恰如求兔角。

從惠能提出的三十六對法中，可以看出惠能對事物是以相對法思維的，事物是因相對而存在的。有世間才有出世間；有生死才有解脫涅槃；有迷才有覺。《壇經》

的入世思想，除了展現大乘的菩薩道精神，更是中華文化中務實精神的表現。入世成爲成就佛道的必要途徑。也因此而有別於印度佛教強調山林宴坐，避世獨居的修行生活。梵行不是苦行，不是空寂的生活。禪宗能在中國受到士大夫們的歡迎，入世修行的主張應是關鍵所在。他們不必因爲追求佛道遁入山林，過著與世隔絕的生活，而是「在紅塵中看破紅塵，在名利中不計名利，在生死中勘破生死。」

禪宗入世修行的主張，卻不是惠能獨創，在印度的經典中，也能找到蹤影。《維摩詰經》即是一部主張居士修行的典型經典。維摩詰居士本身即未入沙門，而以居士身份說法，他與世人一般，有妻眷、子女，營生而富有，卻能不眷戀三界，勤於布施說法。《維摩詰經》裡記載了一段維摩詰居士與文殊師利菩薩的對話。

（文）：「空當於何求？」

（維）：「當於六十二見求。」（六十二種邪見）

（文）：「六十二見當於何求？」

（維）：「當於諸解脱中求。」

（文）：「諸佛解脱當於何求？」

（維）：「當於一切眾生心行中求。」

這種入世的思想，相對存在的思維方式，與惠能所說的「佛法在世間，不離世間覺。」可說是完全一致，毫無分別。可見入世思想本就存在於大乘佛典中，只是在印度文化的世界裡，未能得到充分的發揚。反而是傳入中國以後，在中國這塊沃土中，才得到充分的滋長與發揚。

自性為核心

惠能的宇宙觀、認識論以萬法不離自性爲中心，所謂自性能生萬法，淨與不淨，煩惱與菩提，都是由自性生成。自性爲核心的思想，反映在修行的功夫上，自然地要跳脫傳統的修行方法，直指人心，這便是倡行頓悟法門的根據。頓悟法門的極致，便是「思量即不中用，見性之人，言下須見。」連思維都是要摒棄的。

看看以下所舉，惠能與傳統修行法門不同的詮釋：

自性迷，即是眾生。自性覺，即是佛。慈悲即是觀音，喜捨名爲勢至。能淨即釋迦，平直即彌陀。

一行三昧者，於一切處行住坐臥，常行一直心是也。何名禪定？外離相爲禪，內不亂爲定。……若見諸境心不亂者，是眞定也。若修此行，是自歸依。凡夫不會，從日到夜，受三歸戒。……今既自悟，各須歸依自心三寶。內調心性，外敬他人，是自歸依也。住心觀淨，是病非禪。常坐拘身，於理何益？須知一切萬法，皆從自性起用，是眞戒定慧法。明與無明，凡夫見二，智者了達，其性無二。

從這些節錄的經文，可以看出惠能的禪法，本於自性能生萬法的觀點，打破一切形式主義，反對一切依靠外在形式的修行方法，直指頓悟自性。衆生、佛、菩薩的差別，只在於你自己心中是否存在衆生、佛、菩薩的特質，而不是具相的外在形象。因此，惠能對這些修行方法，都提出了他的不同看法。

一行三昧一般解釋爲坐禪時以法界（實相）爲唯一的觀想對象。既是觀想唯一的實相，也就是要摒除一切外相。惠能則批評這是「迷人著法相，執一行三昧，直言常坐不動，妄不起心。」觀想唯一的實相，便是執迷在唯一的法相中，還是執相，所以眞正要做到的功夫是「若見諸境心不亂者，是眞定也。」外境的有無，完全由自性去認定，自性中不執任何外相（包括實相），讓一切相來去自如，才是眞正的禪定。如果心中存在一絲觀淨的念頭，自然會產生相對的不淨觀，所以「住心觀淨，是病非禪。」心中存有「明」的念頭，便會有相對的「無明」，也就是差別相自然生起。這便是惠能禪法自性起用的特色，泯除一切有形的差別相，才能回歸實質的本體，一切修行功夫都是有所執著的，也都是應該拋棄的。

經文直譯與解說

一、行由品

原文

時大師至寶林，韶州韋刺史與官僚入山，請師出，於城中大梵寺講堂，爲眾開緣説法。師升座次，刺史、官僚三十餘人，儒宗學士三十餘人，僧尼道俗一千餘人，同時作禮，願聞法要。

大師告眾曰：

善知識，菩提自性，本來

譯文

當時，六祖來到寶林寺，韶州刺史韋璩和他的屬僚們來到山裡，請六祖出寶林寺，到城中的大梵寺講堂，爲大眾開講佛法。六祖坐到講台上，韋刺史及眾官員三十餘人，儒士學者三十餘人，僧人、比丘尼、道士、百姓等一千多人，一起向六祖行禮，希望聽講佛法要旨。

六祖便開始宣講：（以下爲六祖自述）

善求佛道的人們，菩提（覺悟）的本質，本

清淨，但用此心，直了成佛。善知識，且聽惠能行由得法事意。

惠能嚴父，本貫范陽。左降流於嶺南，作新州百姓。此身不幸，父又早亡，老母孤遺，移來南海，艱辛貧乏，於市賣柴。時有一客買柴，使令送至客店。客收去，惠能得錢，卻出門外，見一客誦經，惠能一聞經語，心即開悟。

遂問客：「誦何經？」

客曰：「金剛經。」

來就是清淨無染的，只要用這本心，便可以直接成就佛道。善求佛道的人們，請聽聽惠能得到佛法的經歷。

惠能的父親，籍貫原是范陽人。後來因貶官流放到嶺南地方，成爲一名新州的普通百姓。惠能很不幸，父親又早早離開了人世，只留下老母親和孤兒，遷移到南海地方，生活艱辛貧窮。爲了生活，進山砍柴，然後到市集上去賣。一次，一位客人買了柴後，要惠能送到客店裡。客人收了柴，惠能得到錢後，正要走出客店，看到一位客人正在誦讀佛經。惠能一聽佛經內容，心裡立刻就明白了經義。

於是就問這位客人：「誦讀的是什麼佛經？」

客人回答說：「是《金剛經》。」

復問：「從何所來，持此經典？」

客云：「我從蘄州黃梅縣東禪寺來。其寺是五祖忍大師在彼主化。門人一千有餘，我到彼中禮拜，聽受此經。大師常勸僧俗，但持金剛經，即自見性，直了成佛。」

惠能聞說，宿昔有緣，乃蒙一客，取銀十兩與惠能，令充老母衣糧，教便往黃梅參禮五祖。

惠能安置母畢，即便辭違。不經三十餘日，便至黃

又問客人：「從什麼地方來，如何得到這部佛經？」

客人說：「我從蘄州黃梅縣的東禪寺來。東禪寺是禪宗五祖弘忍大師在主持法壇，教化眾生。他的門人有一千多人，我到弘忍大師處禮拜，聽受了這部佛經。大師經常勸導僧侶百姓說，只要遵循持受《金剛經》，就能自見佛性，直接成就佛道。」

惠能聽了客人的這番話後，也是前生有緣，承蒙一位客人拿了十兩銀子送給惠能，要我安置老母親的衣食生活，再到黃梅縣的東禪寺去參禮五祖大師。

惠能將母親的生活安置完畢，便辭別母親，動身去黃梅縣。走了不到三十多天，便到了黃梅

梅，禮拜五祖。

祖問曰：「汝何方人，欲求何物？」

惠能對曰：「弟子是嶺南新州百姓。遠來禮師，惟求作佛，不求餘物。」

祖言：「汝是嶺南人，又是獦獠，若為堪作佛？」

惠能曰：「人雖有南北，佛性本無南北。獦獠身與和尚不同，佛性有何差別？」

五祖更欲與語，且見徒眾總在左右，乃令隨眾作務。

惠能曰：「惠能啓和尚，

縣東禪寺，參禮五祖弘忍大師。

五祖大師問道：「你是哪裡人，想要求什麼？」

惠能回答說：「弟子是嶺南新州的百姓。遠道而來參禮大師，只求成就佛道，不求其它什麼。」

五祖大師說：「你是嶺南人，又是沒有開化的野人，怎麼能成就佛道呢？」

惠能說：「人雖有南北的分別，佛的本性卻沒有南北的不同。沒有開化的人與和尚雖然不一樣，但本具的佛性又有什麼差別呢？」

五祖大師還想和惠能交談，但因見到旁邊還有很多徒弟圍在左右，就讓惠能隨大家去工作。

惠能說：「惠能請問和尚，弟子自心常常生

弟子自心常生智慧。不離自性，即是福田。未審和尚教作何務？」

祖云：「這獦獠根性大利。汝更勿言，著槽廠去。」

惠能退至後院，有一行者，差惠能破柴踏碓，經八餘月。祖一日忽見惠能曰：「吾思汝之見可用，恐有惡人害汝，遂不與汝言，汝知之否。」

惠能曰：「弟子亦知師意，不敢行至堂前，令人不覺。」

起智慧。人只要不離開自己的本性，就是福田。不知和尚教我做什麼事？」

五祖大師說：「你這個沒有開化的人倒是很聰明。你不要再多說，就到槽廠去。」

惠能從五祖大師那兒退出後，來到後院，有一位行者就派惠能劈柴踏碓，就這樣過了八個多月。五祖一天忽然對惠能說：「我想你的看法是有道理的，我恐怕有壞人傷害你，就不再和你交談，你知道嗎？」

惠能說：「弟子也知道師父的心意，所以不敢走到大堂之前，不讓他人察覺到。」

祖一日喚諸門人總來：「吾向汝說，世人生死事大。汝等終日只求福田，不求出離生死苦海。自性若迷，福何可救？汝等各去自看智慧，取自本心般若之性，各作一偈，來呈吾看，若悟大意，付汝衣法，爲第六代祖。火急速去，不得遲滯。思量即不中用，見性之人，言下須見。若如此者，輪刀上陣，亦得見之。」

眾得處分，退而遞相謂曰：「我等眾人，不須澄心用意作偈，將呈和尚，有何所

五祖一天召集門人，向眾人說：「我告訴各位，世間之人生死問題才是大事，你們每天只是追求福田，而不追求脫離生死苦海。如果自己的本性迷失了，福田怎能救你呢？你們各自回去自己運用智慧，用自己本來所具有的般若之性，各自作一首偈，拿來給我看。如果誰能認識到佛法要意，就將衣缽交付給他，成爲第六代祖師。你們趕快去作，不得遲誤。費心思量是沒有用的，因爲見悟佛性的人，言談的當下便要見悟佛性。如果能這樣的話，就是在輪刀上陣的當下，也能見到佛性。」

大家聽完吩咐後，回來互相議論說：「我們這些人，不必淨心專意來作偈，再交給和尚，這有什麼用處？神秀上座現在已經是教授師，法嗣

益？神秀上座現爲教授師，必是他得。我輩謾作偈頌，枉用心力。」諸人聞語，總皆息心，咸言我等已後，依止秀師，何煩作偈？

神秀思惟，諸人不呈偈者，爲我與他爲教授師，我須作偈將呈和尚。若不呈偈，和尚如何知我心中見解深淺？我呈偈意，求法即善，覓祖即惡，卻同凡心奪其聖位奚別？若不呈偈，終不得法。大難大難。

一定是他的。我輩之人只是空作偈頌，枉費心力罷了。」其他人聽到這樣的議論後，也心灰意冷，都說我們以後只要仰仗神秀師就可以了，何必再去招惹麻煩作什麼偈呢？

神秀心想，大家不呈送偈文的意思，是因爲我是他們的教授師，我必須作一首偈頌呈交五祖和尚。如果不交偈頌的話，五祖和尚怎麼能夠知道我心中對佛法體悟的深淺呢？我呈交偈頌的心意如果只在於求得佛法就對了，如果只是爲了得到祖師之位，那就是懷有邪惡的心思了，這和普通人爭奪聖位之心又有什麼不同呢？如果不呈交偈頌的話，終究不能證得佛法。這眞是太難、太難了。

五祖堂前，有步廊三間，擬請供奉盧珍畫楞伽經變相，及五祖血脈圖，流傳供養。神秀作偈成已，數度欲呈。行至堂前，心中恍惚，遍身汗流，擬呈不得。前後經四日，一十三度呈偈不得。

秀乃思維，不如向廊下書著，從他和尚看見。忽若道好，即出禮拜，云是秀作。若道不堪，枉向山中數年，受人禮拜，更修何道。是夜三更，不使人知，自執燈，書偈於南廊壁間，呈心所見。偈曰：

五祖的講經堂前，有三道走廊。準備請畫師盧珍來畫《楞伽經》的經文故事，以及五位祖師的傳承血脈圖畫，以便流傳於世間，受人供養禮敬。神秀作好偈後，幾次想呈交五祖。每走至五祖的講經堂前，心中忐忑不安，汗流遍身，想呈又不敢。這樣前後經歷了四天，有十三次都未呈上偈文。

神秀於是想到，不如將偈文寫在走廊的牆上，由他自己來看。如果五祖說作得好，我就出來行禮叩拜，說此偈是神秀所作。如果五祖說這偈不行，那算我白白在山中多年，受人尊敬，還修什麼佛道。這天夜裡三更時分，神秀不讓別人知道，自己手執燈燭，將偈文寫在走廊南端的牆壁上，表達自己心中對佛法的知見。偈文是這樣

身是菩提樹，
心如明鏡台，
時時勤拂拭，
勿使惹塵埃。

秀書偈了，便卻歸房，人總不知。秀復思維，五祖明日見偈歡喜，即我與法有緣；若言不堪，自是我迷，宿業障重，不合得法。聖意難測，房中思想，坐臥不安，直至五更。

祖已知神秀入門未得，不見自性。天明，祖喚盧供奉

的：

色身就是菩提樹，
心識有如明鏡。
要時時勤加擦拭，
不要使它沾惹外塵。

神秀寫完偈文，便回到自己的房中。神秀又想，五祖明天如果看到偈文高興，那就是我神秀與佛法有緣；如果說不行，那自然是我迷惑未明，前生的罪業深重，不該得到佛法。五祖的心意難以猜測，神秀在房裡反覆思想，坐臥不安，一直到五更天明。

五祖早已知道神秀雖已入門，但尚未悟得自己的佛性。天亮後，五祖叫畫師盧珍來寺裡，請

來，向南廊壁間繪畫圖相。忽見其偈，報言：「供奉卻不用畫，勞爾遠來。經云：凡所有相，皆是虛妄。但留此偈，與人誦持。依此偈修，免墮惡道。依此偈修，有大利益。」令門人炷香禮敬，盡誦此偈，即得見性。門人誦偈，皆歎善哉。

祖三更喚秀入室，問曰：「偈是汝作否？」

秀言：「實是秀作，不敢妄求祖位。望和尚慈悲，看弟子有少智慧否？」

他在廊道南端的牆壁上畫圖。忽然見到神秀所寫的偈頌，就很抱歉地對盧供奉說：「供奉不必再畫了，勞駕你從遠方來，實在對不起。經上說：所有的形狀相貌，都是虛妄不實的。留下這首偈，讓人們誦讀學習。依據這首偈來修行，可以避免墮入惡道中；根據這首偈來修行，會得到很大的利益。」五祖要徒弟們燃香禮敬，都誦讀這首偈，就可以見到自性。徒弟們誦念此偈，也都歡喜贊嘆！

五祖三更時叫神秀到方丈室，問他道：「偈是你作的嗎？」

神秀說：「的確是神秀所作，我不敢奢望得到祖師之位。只希望和尙慈悲爲懷，看看弟子還有點智慧沒有？」

祖曰：「汝作此偈，未見本性，只到門外，未入門內。如此見解，覓無上菩提，了不可得。無上菩提，須得言下識自本心，見自本性。不生不滅，於一切時中，念念自見。萬法無滯，一眞一切眞。萬境自如如，如如之心，即是眞實。若如是見，即是無上菩提之自性也。汝且去一兩日思維，更作一偈，將來吾看。汝偈若入得門，付汝衣法。」

神秀作禮而出。又經數日，作偈不成，心中恍惚，神

五祖說：「你作的這首偈，還未見到自性。只在佛門之外，尚未進到裡面。像這樣的見解，要證得至高無上的佛道，是得不到的。要證得無上佛道，須得當下認識自己的本心，見到自己的本性。自性不生也不滅，在任何時候，每一個念頭之中都能自己見到。萬象萬物都是相通無阻的，一樣眞了，則樣樣都眞。萬種境界都是眞如所現，眞如之心，就是眞實的。如果有這樣的認識，那就是無上佛道的自性。你先回去再思考一、兩天，重新作一首偈，拿來給我看。你的偈如果能認識到自性，就將衣鉢交付給你。」

神秀向五祖行禮後出來。又過了幾日，神秀的偈還是沒作成，心中恍惚，神思不安，就像在

思不安，猶如夢中，行坐不樂。

復兩日，有一童子於碓坊過，唱誦其偈。惠能一聞，便知此偈未見本性。雖未蒙教授，早識大意。遂問童子曰：「誦者何偈？」

童子曰：「爾這獦獠不知。大師言，世人生死事大。欲得傳付衣法，令門人作偈來看。若悟大意，即付衣法，爲第六祖。神秀上座於南廊壁上書無相偈。大師令人皆誦，依此偈修，免墮惡道，依此偈

夢中一樣，舉止都不得快樂。

又過了兩天，有一個小孩從碓坊經過，高聲唱誦著神秀寫在走廊南端的那首偈。惠能一聽，就知道這首偈沒見到自性。他雖然沒有接受過誰的教導，卻早已明瞭自性的大意。於是就問小孩說：「你誦讀的是什麼偈？」

小孩說：「你這個沒有開化的野蠻人不知道。五祖大師說，世上的人生死問題才是大事。爲了要傳付本門衣缽，讓徒弟們作偈呈給祖師。如果誰能明白佛法大意，就傳他衣缽，成爲第六代祖師。神秀上座就在走廊南端的牆壁上寫了一首無相偈。五祖大師讓大家都來誦讀，依據這首偈來修行，可以免於墮入惡道之中；依據這首偈

修，有大利益。」

惠能曰：「我亦要誦此，結來生緣。上人，我此踏碓，八個餘月，未曾行到堂前，望上人引至偈前禮拜。」

童子引至偈前禮拜。惠能曰：「惠能不識字，請上人爲讀。」

時有江州別駕，姓張，名日用，便高聲讀。惠能聞已，遂言：「亦有一偈，望別駕爲書。」

別駕言：「汝亦作偈，其事希有。」

來修行，可以得到很大的利益。」

惠能說：「我也要誦唸這首偈，以結來世之緣。上人，我在這裡踏碓，也有八個多月了，未曾走到祖師堂前。但望上人帶我到這首偈前行禮叩拜。」

小孩就帶著惠能來到偈前行禮叩拜。惠能說：「惠能不認識字，請上人爲我讀一遍。」

這時有一位江州別駕（官名），姓張，名叫日用，便高聲朗讀偈文。惠能聽了之後，就說：「我也有一偈，希望別駕替我寫上。」

別駕說：「你也要作偈，這眞是稀有的事！」

惠能向別駕言：「欲學無上菩提，不可輕於初學。下下人有上上智，上上人有沒意智。若輕人，即有無量無邊罪。」

別駕言：「汝但誦偈，吾為汝書。汝若得法，先須渡吾，勿忘此言。」

惠能偈曰：

菩提本無樹，

明鏡亦非台，

本來無一物，

何處惹塵埃。

書此偈已，徒眾總驚，無

惠能對別駕說：「要想學習無上的佛道，不能輕視初學者。地位低下的人也會有卓越的智慧。高貴的人也會埋沒了智慧。如果輕視人，就會有無盡的罪過。」

別駕說：「你只管讀出偈文，我為你寫上。你如果得了佛法，應該先渡化我，不要忘了這話。」

惠能的偈是這樣的：

本來就沒有菩提樹，

本來也沒有明鏡台，

本來就沒有任何東西存在，

到哪裏去沾惹塵埃？

這首偈寫在牆壁上後，眾人都十分驚奇，無

不嗟訝。各相謂言：「奇哉！不得以貌取人，何得多時使他肉身菩薩。」

祖見眾人驚怪，恐人損害，遂將鞋擦了偈，曰：「亦未見性。」眾以爲然。

次日，祖潛至碓坊，見能腰石舂米，語曰：「求道之人，爲法忘軀，當如是乎！」乃問曰：「米熟也未？」

惠能曰：「米熟久矣，猶欠篩在。」

祖以杖擊碓三下而去。惠

不感嘆訝異。並議論紛紛地說：「眞是奇蹟呀！不能以貌取人，才到這地方沒有多久，就使他成了肉身菩薩！」

五祖看到大家對此偈十分驚訝奇怪，恐有人會傷害惠能，於是就拿鞋將偈擦掉，並對大家說：「這偈也沒有見到自性。」大家也覺得是這樣。

第二天，五祖大師悄悄來到碓坊，看到惠能腰上繫著一塊石頭吃力地舂米，便自言自語說：「追求佛道的人，爲了佛法而忘了自己，就是這樣吧！」於是就問道：「米熟了沒有？」

惠能回答：「米已經熟了很久，但還欠篩檢。」

五祖用柱杖敲了石碓三下就走了。惠能立即

能即會祖意，三鼓入室。

祖以袈裟遮圍，不令人見，爲說金剛經。至應無所住而生其心，惠能言下大悟，一切萬法不離自性。遂啓祖言：「何期自性本自清淨；何期自性本不生滅；何期自性本自具足；何期自性本無動搖；何期自性能生萬法！」

祖知悟本性，謂惠能曰：「不識本心，學法無益。若識自本心，見自本性，即名丈

明白了五祖的心意，三更鼓響時，悄悄地來到五祖的住室。

五祖用袈裟將二人圍在一塊，不讓別人看見，在裡面爲惠能講說《金剛經》。講到「應無所住而生其心」時，惠能當下就徹底明白任何事物都離不開人的自性。於是就向五祖說：「我沒有想到，自性本來就是清淨的；我沒有想到，自性本來就是不生不滅的；我沒有想到，自性本來就是圓滿具足的；我沒有想到，自性本來就是不動不搖的；我沒有想到，萬象萬物都是從自性中生起的。」

五祖知道惠能已見悟自己本具的佛性，就對惠能說：「不認識自己本性，學習佛法就沒有什麼好處。如果認識了自己的本心，見悟自己本來

夫、天人師、佛。」

三更受法，人盡不知，便傳頓教及衣鉢。云：「汝爲第六代祖。善自護念，廣度有情，流布將來，無令斷絕。聽吾偈曰：

有情來下種，
因地果還生。
無情亦無種，
無性亦無生。」

祖復曰：「昔達摩大師，初來此土，人未之信，故傳此衣，以爲信體，代代相承。法

的面貌，這就叫作大丈夫、人、天的導師，也就是佛了。」

五祖三更給惠能傳法，沒有一個人知道，就又將頓教法門以及本宗衣鉢都傳給他。並對惠能說：「你就是第六代祖師了。你要好好地護持自己的心念，廣度一切衆生，使本門佛法流傳後代，不要有所中斷失傳。聽我的偈說：

因有情播下生命的種子，
因於有情而有生命之果。
無情也就沒有生命的種子，
無性也就沒有生命之果。

五祖又說：「從前達摩大師初來這個地方時，人們都不相信他，所以傳授這件袈裟，來作爲我佛眞傳的證據信物，代代承襲下來。頓教的

則以心傳心，皆令自悟自解。自古佛佛惟傳本體，師師密付本心。衣爲爭端，止汝勿傳。若傳此衣，命如懸絲。汝須速去，恐人害汝。」

惠能啓曰：「向甚處去？」

祖云：「逢懷則止，遇會則藏。」

惠能三更領得衣鉢，云：「能本是南中人。素不知此山路，如何出得江口？」

五祖言：「汝不須憂，吾自送汝。」

方法則是以心傳心，都要讓他們自己來了悟、來理解。自古以來諸佛所傳授的只有本來的性體，每一代祖師密付的就是本心。袈裟是引起爭端的原因，傳到你就好了，不要再往後傳。如果要傳這袈裟，那你的生命就如懸絲一般，十分危險。你必須趕快離開，否則恐怕有人會傷害你。」

惠能問道：「向什麼地方去呢？」

五祖說：「到了『懷』就停下來，到了『會』就隱藏起來。」

惠能在三更之際領受了衣鉢，就對五祖說：「惠能本來是南方人，向來不熟悉這裡的山路，如何才能走出江口呢？」

五祖說：「你不必憂慮，我親自送你。」

祖相送直至九江驛。祖令上船，五祖把艣自搖。惠能言：「請和尚坐，弟子合搖艣。」

祖云：「合是吾渡汝。」

惠能曰：「迷時師渡，悟了自渡。渡名雖一，用處不同。惠能生在邊方，語音不正，蒙師傳法，今已得悟，只合自性自渡。」

祖云：「如是，如是。以後佛法由汝大行，汝去三年，吾方逝世。汝今好去，努力向

五祖將惠能一直送到九江驛口。五祖讓惠能上船，就拿起擺船的艣，自己搖艣開船。惠能說：「師父，請你坐著，應該由我來搖艣。」

五祖說：「應該由我來渡你才對。」

惠能回答說：「自性迷失的時候，應該由師父來渡我，可是悟了之後，就應當自己渡自己。雖然同是稱爲『渡』，但師父渡徒弟和徒弟自渡，運用是不相同的。惠能生在邊遠的地方，說話的語音不正，承蒙師父傳我心法，現在我已得開悟，所以應該是自己渡自己本性。」

五祖說：「是的，是的。以後佛法將由你發揚光大，你去後三年，我才會進入涅槃。你現在好好努力向南方去吧。但是不要急著宣講佛法，

南，不宜速說，佛法難起。」

惠能辭違祖已，發足南行。兩月中間，至大庾嶺。

五祖歸，數日不上堂，眾疑。詣問曰：「和尚少病少惱否？」

曰：「病即無，衣法已南矣。」

問：「誰人傳授？」

曰：「能者得之。」眾乃知焉。逐後數百人來，欲奪衣缽。

一僧俗姓陳，名惠明。先是四品將軍，性行麤糙。極意

因為佛法的傳布是相當困難的。」

惠能辭別五祖後，就快步向南前行。過了大約兩個月，來到大庾嶺。

五祖回去後，幾天不上堂說法，大家都起了疑心。就到方丈住室裡請問：「方丈和尚，你沒有病、沒有困惱吧？」

五祖說：「病是沒有，但我的衣缽已傳到南方了。」

大家問：「哪個人得到了衣缽？」

五祖說：「被最有能力的人得到了。」（能暗指惠能）大家才知道是惠能得到了衣缽。於是，就有數百人來追趕惠能，想奪回衣缽。

有一位和尚，俗姓陳，釋名叫惠明。在家時曾做過四品將軍，性情粗暴。他一心一意想要參

參尋，爲眾人先，趁及惠能。

惠能擲下衣鉢於石上，曰：「此衣表信，可力爭耶？」能隱草莽中。

惠明至，提掇不動。乃喚云：「行者，行者，我爲法來，不爲衣來！」

惠能遂出，盤坐石上。惠明作禮云：「望行者爲我說法。」

惠能云：「汝既爲法而來，可屏息諸緣，勿生一念，吾爲汝說。」明良久。

究佛法，因而跑在衆人的前頭，眼看就要趕上惠能了。

惠能便把衣鉢放到一塊石頭上，說：「這衣鉢是代表一種信物，怎麼可以用武力來爭奪呢？」惠能說完就藏身到草叢中。

惠明趕到後，見到石頭上的衣鉢，卻拿不動。於是惠明就喊道：「修行的人，我是爲佛法而來，不是要來奪衣鉢的啊！」

惠能於是就從草叢中走出來，盤坐在一塊石頭上。這時惠明叩頭頂禮說：「希望你爲我說法。」

惠能說：「你既然是爲求佛法而來，可先屏息，斷絕一切外緣，一念也不要生，我爲你說法。」惠明便沉默了很長一段時間。

惠能云：「不思善，不思惡，正與麼時，那個是明上座本來面目？」

惠明言下大悟。復問云：「上來密語密意外，還更有密意否？」

惠能云：「與汝說者，即非密也。汝若返照，密在汝邊。」

明曰：「惠明雖在黃梅，實未省自己面目。今蒙指示，如人飲水，冷暖自知。今行者即惠明師也。」

惠能曰：「汝若如是，吾

惠能就說：「你不想善，不想惡的時候，就是這個時候，誰是惠明上座本來的真面目？」

聽到這樣的開示，惠明當下就豁然開悟了。再問：「您方才對我講的密語密意，除了這些重要的話，還有比這個更微妙的嗎？」

惠能說：「我給你說出來的，就不是密意。如果你能反身觀照，則密意都在你那裡。」

惠明說：「我雖然在黃梅這麼多年，實在還未能見悟到自己的真面目。今天蒙你的指點開示，就像人飲水，是冷是熱，唯有自己知道。現在你就是我惠明的師父了。」

惠能說：「你要是這樣想的話，那麼我們同

與汝同師黃梅。善自護持。」

明又問：「惠明今後向甚處去？」

惠能曰：「逢袁則止，遇蒙則居。」明禮辭。

明回至嶺下，謂趁眾曰：「向陟崔嵬，竟無蹤跡，當別道尋之。」趁眾咸以爲然。惠明後改道明，避師上字。

惠能後至曹溪，又被惡人尋逐。乃於四會，避難獵人隊中，凡經一十五載，時與獵人隨宜說法。獵人常令守網，每

以五祖爲師父吧。你要好好護持自己的心念。」

惠明又問：「惠明今後要到何處去呢？」

惠能說：「遇到『袁』就止步，到了『蒙』就住下來。」惠明就向惠能禮拜，辭別而回。

惠明回到山嶺下，對追趕惠能的眾人說：「我剛剛到山頂上看過了，找不到他的蹤跡，應當從其它的路去追。」這些追趕的人聽了都深信不疑，從另一條路走了。惠明後來改名爲道明，就是爲了避諱師父的「惠」字。

惠能後來到了曹溪南華寺，又被惡人尋找追趕。爲了避難，於是到四會這個地方，與獵人們住在一起，這樣經過了十五年的歲月，十五年來時常爲獵人們隨機說法。獵人常派惠能做守網的

見生命，盡放之。每至飯時，以菜寄煮肉鍋。或問，則對曰：「但喫肉邊菜。」

一日思惟，時當弘法，不可終遯。遂出至廣州法性寺。値印宗法師講涅槃經。

時有風吹旛動。一僧曰：「風動。」一僧曰：「旛動。」議論不已。

惠能進曰：「不是風動，不是旛動，仁者心動。」一眾駭然。

工作，他每見到活的飛禽走獸，就將牠們全部放生。每天吃飯的時候，就用野菜放在肉鍋裏煮。有時有人問他爲什麼這樣做？他就回答說：「我只吃點鍋邊的菜，我不吃肉。」

一天，惠能心想：這時候應當弘揚佛法了，我不能就這樣隱藏下去。於是離開了四會，來到廣州的法性寺。正好碰上印宗法師開講《涅槃經》。

講經時，有風吹著旗幟而左右搖動。這時有一位僧人就說：「這是風在動。」另一位僧人說：「這是旗幟在動。」兩人爭論不下。

惠能告訴他們說：「不是風在動，也不是旗幟動，是你們的心在動啊！」當時的聽眾聽他這麼一講，都十分驚奇。

印宗延至上席，徵詰奧義。見惠能言簡理當，不由文字。宗云：「行者定非常人。久聞黃梅衣法南來，莫是行者否？」

惠能曰：「不敢。」宗於是作禮。告請傳來衣缽，出示大眾。

宗復問曰：「黃梅咐囑，如何指授？」

惠能曰：「指授即無。惟論見性，不論禪定、解脫。」

印宗法師就請惠能到上座，請教他一些奧妙的道理。但見惠能所講的雖然簡單，道理卻是正確，不是從經文字句上來解說。於是印宗法師便說：「修行的人，你一定不是個平常人。我久聞黃梅的衣缽向南傳來了，這個人難道是你嗎？」

惠能回答說：「不敢當。」印宗法師一聽，他就是繼承五祖衣缽的傳人，就向惠能叩頭行禮。並請求惠能將五祖所傳的衣缽拿出來給大家看看。

印宗又問道：「黃梅傳給你衣缽時，是如何傳授指點您的呢？」

惠能回答說：「倒沒有什麼指點傳授。不過是談論如何見悟自性，並不談論禪定或解脫的方法。」

宗曰：「何不論禪定、解脫？」

惠能曰：「爲是二法，不是佛法。佛法是不二之法。」

宗又問：「如何是佛法不二之法？」

惠能曰：「法師講涅槃經，明佛性是佛法不二之法。如高貴德王菩薩白佛言：『犯四重禁，作五逆罪，及一闡提等，當斷善根佛性否？』佛言：『善根有二，一者常，二者無常。佛性非常、非無常，

印宗法師問道：「爲什麼不談論禪定和解脫的道理呢？」

惠能回答說：「因爲禪定和解脫是不同的方法，不是佛法。佛法只有一種法，所以叫不二法。」

印宗法師又問：「什麼是佛法不二之法的道理？」

惠能說：「法師你宣講《涅槃經》，若您能明瞭佛的本性，這就是佛法的不二之法。就像高貴德王菩薩向佛請問：『如果有人犯殺、盜、淫、妄這四重禁——四根本罪，又殺父、殺母、殺阿羅漢、破壞三寶、出佛身血，這五逆罪，還有一罪——不信佛法，這些人是否就是斷除善根佛性了呢？』佛回答說：『善根有兩種：一種是

是故不斷，名爲不二。一者善，二者不善，佛性非善非不善，是名不二。蘊之與界，凡夫見二，智者了達，其性無二。無二之性，即是佛性。』」

印宗聞說，歡喜合掌言：「某甲講經，猶如瓦礫。仁者論義，猶如眞金。」於是爲惠能剃髮，願事爲師。惠能遂於菩提樹下，開東山法門。

惠能於東山得法，辛苦受

常，一種是無常。可是佛性不是常、也不是無常，所以不會斷除，這就是不二法的法門。其次，五戒十善這是善，五逆十惡這是不善，但佛性不是善，也不是不善，所以是不二。五蘊與十八界，凡夫見是兩種，但是智慧的人明瞭其本質是一回事，沒有分別可言。如此無二的眞性，就是佛性。』」

印宗法師聽了惠能說法後，非常高興，合掌恭敬地說：「我印宗講經，就像破磚瓦似的。可是仁者您啊，講經就像眞金那麼可貴。」於是印宗法師就爲惠能落髮，並願拜惠能爲師父。惠能就在光孝寺中的一棵菩提樹下，開始講授東山法門。

惠能在黃梅東山法門得法後，受盡種種的艱

盡，命似懸絲。今日得與使君官僚僧尼道俗同此一會，莫非累劫之緣，亦是過去生中供養諸佛，同種善根，方始得聞如上頓教，得法之因。教是先聖所傳，不是惠能自智。願聞先聖教者，各令淨心。聞了，各自除疑，如先代聖人無別。

一眾聞法歡喜。作禮而退。

辛苦楚，命像懸絲那樣的危險。現在很慶幸能與韋刺史及各位官員、僧人、比丘、比丘尼、修道人、居士聚會一堂，這都是我們多劫以來的緣份所促成的，也是在往昔生生世世供養諸佛，共同種下善根，才能聽聞如上所說的頓教法門，和我得法的因緣。教義是過去的佛、菩薩所留傳下來的，不是我惠能自己的智慧。你們如果願意聽以前佛所說的教義，則先要清淨自己的心。聽了佛法之後，各自必須將心中的疑團除去，就像聽過去佛、菩薩所講的一樣。

大家聽了惠能的佛法開示，都很歡喜，叩頭行禮後退下。

解說

本品以韋刺史邀請惠能由曹溪寶林寺至大梵寺講法爲因緣，敘述惠能求法、得法、隱居、傳法的經過。惠能以自述的方式，除了說明自己前半生的經歷之外，就佛法的角度看，本品其實說明了五祖弘忍所傳「東山法門」的主旨與要義。以下分別說明。

《金剛經》的不住念：

惠能說明自己起心求法，就是因爲聽到有人誦唸《金剛經》「應無所住而生其心」這句話，心有所感，才決意前往黃梅求法。《金剛經》的不住念，正是六祖思想的關鍵處。惠能認爲禪的「無念」就是不使念頭住留，不執著於心念，而推翻死寂式的無念。不住念的主張，是惠能禪法走向生活化的關鍵，也是中國禪學發展脫離印度模式的里程碑。

《涅槃經》的佛性思想：

《涅槃經》主張人人都具有佛性，佛性就是成佛的根據。學佛不是壓抑、克服自己的欲望或行爲，而是積極地啓發、開發自己本具的佛性，也就是經中一再強調的「自性」。惠能第一次見到五祖弘忍時，即直言「人雖有南北，佛性本無南北。獦獠身與和尚不同，佛性有何差別？」正是佛性的思想。

佛法亦是空，不可執著於求法：

神秀與惠能二人所作的偈語，差別就在於「菩提樹」的有無，也就是佛法的有無。差別不在於誰的修行功夫深，而是在於誰存有執著心。神秀求法的執著心太重，即使能端正言行，心中清淨，也無法抹去他求道的執著心。惠能則直指一切皆空，佛法亦空，不沾一點執著心。

識自本心，當下直悟：

弘忍講：「無上菩提，須得言下識自本心，見自本性。」惠能講：「不思善，不思惡，正與麼時，那個是明上座本來面目？」這兩句話都是強調自性開發。自性開發是直悟，不是依靠理解、分析等方法，而是當下見到自己的本性，還要去思索就不對了。

心生萬法，自性自度：

一切現象的存在與否，都是人的心念在作用，這現象當然也包括佛法。所以惠能才說：「何期自性能生萬法。」也因此，學習佛道必須「迷時師度，悟了自度。」惠能在法性寺時，見兩僧爭執是「風動」或是「幡動」時，即爲他們點出是「心動」，也是這個意思。只有隨著外境起舞的人，才必須去克制、避免外境的干擾；心念不動，外境如何能干擾？

以上五個要點，也是《壇經》的講述綱要，在接下去的各品中，還會有更詳盡的說明。

二、般若品

原文

次日，韋使君請益。

師陞座，告大眾曰：「總淨心念摩訶般若波羅蜜多。」

復云：「善知識，菩提般若之智，世人本自有之，只緣心迷，不能自悟。須假大善知識，示導見性。當知愚人智人，佛性本無差別。只緣迷悟不同，所以有愚有智。吾今爲

譯文

第二天，韋刺史來請六祖講法。

六祖坐到講台上對大家說：「大家一起淨心誦唸：摩訶般若波羅蜜多。」

接著又說：「諸位善求佛道的人們，覺悟的般若智慧，世人本來自己就具有，只是因爲心念被迷惑，而不能夠自己體悟自性。必須要藉助於具有大智慧的人，來開示引導他們認識自性。要知道，無論聰明或愚笨的人，他們的佛性本來並沒有什麼差別。只是因爲迷惑和覺悟的不同，所

說摩訶般若波羅蜜法，使汝等各得智慧。志心諦聽，吾爲汝說。

善知識，世人終日口念般若，不識自性般若，猶如說食不飽。口但說空，萬劫不得見性，終無有益。

善知識，摩訶般若波羅蜜是梵語，此言大智慧到彼岸。此須心行，不在口念。口念心不行，如幻如化，如露如電。口念心行，則心口相應。本性是佛，離性無別佛。

以才有愚笨和聰明的分別。我現在爲你們講說摩訶般若波羅蜜法，使你們諸位都能得到智慧。諸位誠心注意聽，我爲你們講。

善求佛道的人們，世人整天嘴裡唸著般若般若，卻沒有認識到自己本性中的般若，就像一天到晚講食物而不吃，這樣並不會飽肚子。整天口裡只是講空，就是講了一萬劫的時間，也見不到自性，終究是毫無益處的。

善求佛道的人們，摩訶般若波羅蜜是梵語，漢語的意思是：以大智慧到彼岸。這種佛法必須用心來修行，而不是在口頭上誦唸。如果只是口裡唸著，而心裡卻不實踐修行，就如虛妄幻化，露水、閃電一樣轉瞬即逝。如果口裡唸著，心中修行，那就心口相應，表裡一致了。人的本性就何名摩訶？摩訶是大，心量廣大，猶如虛空，無有邊畔，亦無方圓大小，亦無青黃赤白，亦無上下長短，亦無瞋無喜，無是無非，無善無惡，無有頭尾。諸佛剎土，盡同虛空。世人妙性本空，無有一法可得。自性眞空，亦復如是。

善知識，莫聞吾說空，便即著空。第一莫著空，若空心靜坐，即著無記空。

善知識，世界虛空，能含

是佛，離開人的本性就沒有其它什麼佛了。

什麼叫作摩訶？摩訶就是大的意思。人們廣大的心量，如同虛空一樣，無邊無際，也沒有方圓大小的形狀，也沒有青、黃、赤、白的顏色，也沒有上下長短的尺度，也沒有憤怒和歡喜，沒有是沒有非，沒有善沒有惡，沒有頭沒有尾。諸佛所在處，就如虛空一般。世人具有的妙性本來就是空的，沒有一種法門可以證得。所謂自性眞空，無有一物，也像我上面所講的道理一樣。

善求佛道的人們，不要聽我講空就執著於空。修行第一要緊的便是不要執著於空，如果說一切都空，以這種一切都空的心空來靜空，就會執著於無記空上。

善求佛道的人們，宇宙的虛空，能夠含藏萬

萬物色像。日月星宿，山河大地，泉源溪澗，草木叢林，惡人善人，惡法善法，天堂地獄，一切大海，須彌諸山，總在空中。世人性空，亦復如是。

善知識，自性能含萬法是大，萬法在諸人性中。若見一切人惡之與善，盡皆不取不捨，亦不染著，心如虛空，名之爲大，故曰摩訶。

善知識，迷人口說，智者心行。又有迷人，空心靜坐，百無所思，自稱爲大。此一輩

物萬象。日月星辰，山河大地，泉源溪澗，草木叢林，惡人善人，惡法善法，天堂地獄，一切大海，所有須彌諸山，都在這虛空之中。世人本性的空，也是這樣的，能含藏一切。

善求佛道的人們，自己的本性之中能夠含藏萬象萬物，這就是大，萬象萬物都在各人的自性之中。如果能夠看到一切人的善行和惡行，而且都能不取不捨，也不受到沾染，心如虛空能容，這就叫作大，所以稱作『摩訶』。

善求佛道的人們，迷惑的人只是在口裡說著佛法，有智慧的人則在心中修行。還有另一種迷惑的人，以一切皆空的心來靜坐，不思不想，自

人，不可與語，爲邪見故。

善知識，心量廣大，徧周法界，用即了了分明，應用便知一切。一切即一，一即一切。去來自由，心體無滯，即是般若。

善知識，一切般若智，皆從自性而生，不從外入，莫錯用意，名爲眞性自用。一眞一切眞。心量大事，不行小道。口莫終日說空，心中不修此行。恰似凡人自稱國王，終不

己稱其爲大。這種人，不能和他們講佛法，這是因爲他們已心存偏見的緣故。

善求佛道的人們，人的心量之廣大，是可以包容宇宙萬象萬物的，運用心性時，這萬象萬物便歷歷分明，心性便認知了這一切。這一切就是單一的心性，單一的心性就能包含一切。來去自由自在，心的本體無阻無滯，通達萬物，這就是般若。

善求佛道的人們，所有的般若智慧，都是從人自己的本性中產生的，不是從外面獲得的，不要錯用了心思，這就叫作眞性自用。只要心性一樣眞了，一切都眞。心量這件大事，不是通過小聰明能夠明白的。口裡不要整天講空，心中卻不這樣修行。就像凡人口中自稱是國王，但不會因

可得，非吾弟子。

善知識，何名般若？般若者，唐言智慧也。一切處所，一切時中，念念不愚，常行智慧，即是般若行。一念愚，即般若絕。一念智，即般若生。世人愚迷，不見般若。口說般若，心中常愚。常自言我修般若，念念說空，不識眞空。般若無形相，智慧心即是。若作如是解，即名般若智。

何名波羅蜜？此是西國語，唐言到彼岸，解義離生滅。著境生滅起，如水有波

此就成爲國王，這種人不是我的弟子。

善求佛道的人們，什麼叫作般若？般若的漢譯就是智慧。在任何時候、任何地方，於每一念之中都不愚癡，常以智慧運用，就是修行般若法門。有那麼一點點愚癡的念頭，般若就斷絕了。有那麼一點的智慧，般若就會產生。世人因爲愚癡迷惑，而無法認識般若智慧。口裡講要般若，心中卻常常愚迷不明。常常自己說要修行般若法門，念念都在講空，實際上卻不能認識眞正的空。般若是沒有形狀相貌的，智慧心就是般若。如果能這樣理解，就叫作般若智慧。

什麼叫作波羅蜜？這是印度的語言，用漢語來講就是到彼岸，以佛義解釋就是超越生死。如果執著在外境就要落入生死，如同水受阻生起波

浪，即名爲此岸。離境無生滅，如水常通流，即名爲彼岸，故號波羅蜜。

善知識，迷人口念，當念之時，有妄有非。念念若行，是名眞性。悟此法者，是般若法。修此行者，是般若行。不修即凡。一念修行，自身等佛。

善知識，凡夫即佛，煩惱即菩提。前念迷即凡夫，後念悟即佛。前念著境即煩惱，後念離境即菩提。

善知識，摩訶般若波羅蜜

浪一樣，這就叫作此岸。離開外境，就能超越生死，就像水流運行無礙，這就叫彼岸，所以稱爲波羅蜜。

善求佛道的人們，迷惑之人只在口裡唸誦佛法，當他誦念的時候，爲有妄想、是非之心。如果即唸即行，這才是眞正的自性。了悟這個佛法的道理，就是般若法。修習這個法門的，就是般若行。如果不依此來修行，就和普通人一樣。一念依此修行，自身就等於是佛身。

善求佛道的人們，凡夫就是佛，煩惱就是覺悟的佛道。先前的心念迷惑時就是凡夫，後來的心念了悟時就是佛。先前的心念執著於境界上就是煩惱，後來的心念離開了境界就是覺悟。

善求佛道的人們，摩訶般若波羅蜜是最尊

最尊最上最第一，無住無往亦無來，三世諸佛從中出。當用大智慧打破五蘊煩惱塵勞。如此修行，定成佛道，變三毒爲戒定慧。

善知識，我此法門，從一般若生八萬四千智慧。何以故？爲世人有八萬四千塵勞。若無塵勞，智慧常現，不離自性。悟此法者，即是無念、無憶、無著，不起誑妄。用自眞如性，以智慧觀照，於一切法，不取不捨，即是見性成佛道。

貴、至高無上、第一等的佛法，此法無住、無往、無來，過去、現在、未來的諸佛都是從這裡成道的。要用超常的智慧來破除五蘊所帶來的煩惱與塵勞。如此修行，一定能成就佛道，轉貪、瞋、癡三毒爲戒、定、慧三學。

善求佛道的人們，我的這個法門，從一種般若可以生出八萬四千的智慧。什麼原因呢？因爲世人有八萬四千的塵勞。如果消除了塵勞，智慧就會現前，而不離自性。了悟這種佛法，就是無念、無想，也無執著，不起怪誕妄想之心。用自己本來就具有的眞如自性，以智慧加以觀照，對萬象萬物，既不執取，也不捨棄，這就是見到自性，成就佛道。

善知識，若欲入甚深法界及般若三昧者，須修般若行，持誦金剛般若經，即得見性。

當知此經功德，無量無邊。經中分明讚歎，莫能具說。此法門是最上乘，爲大智人說，爲上根人說。小根小智人聞，心生不信。

何以故？譬如天龍下雨於閻浮提，城邑聚落，悉皆漂流，如漂草葉。若雨大海，不增不減。若大乘人，若最上乘人，聞說金剛經，心開悟解。

善求佛道的人們，如果想要悟入微妙的眞如自性，以及般若三昧，就必須修般若行，持誦《金剛經》，如此就可以見到自性。

要知道這部《金剛經》的功德，無量無邊。經中已經很清楚地讚歎肯定，這裡無法一一具體地細說。這種最上乘的法門，是爲具有大智慧的人講的，爲根器敏銳的人說的。小根器、小聰明的人聽了，心中是不會相信的。

怎麼說呢？就像天龍在閻浮提世界降下雨水，因爲雨水太多，城邑村落都浸泡在大水中，像草葉漂流一樣。假如這雨水落在大海，海水既不增加，也不減少。如果是那些具大乘根器的人、那些具有超常根器的人，聽到這部《金剛經》，心裡立刻就能了悟佛法的眞義。

故知本性自有般若之智，自用智，常觀照，故不假文字。譬如雨水，不從天有，元是龍能興致，令一切衆生，一切草木，有情無情，悉皆蒙潤。百川衆流，卻入大海，合爲一體。衆生本性般若之智，亦復如是。

善知識，小根之人，聞此頓教，猶如草木。根性小者，若被大雨，悉皆自倒，不能增長。小根之人，亦復如是。元有般若之智，與大智人，更無差別，因何聞法，不自開悟？

所以我們知道人的本性之中自有般若的智慧，只須自己用這般若智慧，常常觀照自性，所以不一定要藉助於文字。譬如雨水，不是因爲天上有的，而是龍能興雲降雨，才使一切衆生，一切草木，一切有情之物、無情之物，都能受到雨水的滋潤。一切河流都要流入大海，與大海合爲一體。衆生本性的般若智慧，如同大海，就是這個道理。

諸位善求佛道的人們，小根器的人，聽到這個頓教法門時，就像草木。根淺的草木，如果遇到大雨，全都要倒伏，不能滋潤生長。小根器的人，也是這樣。其實，小根之人原來的智慧，與大智慧的人並沒有什麼差別，爲什麼聽到佛法後，不能自己開悟呢？這是因爲偏見太重，煩惱緣邪見障重，煩惱根深。猶如大雲覆蓋於日，不得風吹，日光不現。般若之智，亦無大小，爲一切衆生，自心迷悟不同。迷心外見，修行覓佛，未悟自性，即是小根。若開悟頓教，不執外修，但於自心常起正見，煩惱塵勞常不能染，即是見性。

善知識，內外不住，去來自由，能除執心，通達無礙，能修此行，與般若經本無差別。

善知識，一切修多羅及諸

太深。就像大片的雲朵遮住太陽一樣，不經過風吹，日光是看不見的。般若的智慧，本來也沒有大小之分，只因爲一切衆生的心中迷悟各自不同。迷惑的人心裡總是向外境去尋找，從外在的修行尋找佛道，沒有了悟自己的本性，這就是小根之人。如果開悟了頓教法門，不執著於外在的修行，但從自己心中時時生起正確的見解，一切煩惱塵勞都不沾染，這就是見到了自性。

善求佛道的人們，既不執著於外境，又不執著於心念，來去自在，能排除執著的心，使心念通達無礙，能如此修行，就和《金剛經》沒有差別了。

善求佛道的人們，所有一切經典及文字，如

文字，大小二乘，十二部經，皆因人置。因智慧性，方能建立。若無世人，一切萬法，本身不有。故知萬法本自人興，一切經書因人說有。緣其人中，有愚有智，愚爲小人，智爲大人。愚者問於智人，智者與愚人說法。愚人忽然悟解心開，即與智人無別。

善知識，不悟即佛是衆生。一念悟時，衆生是佛。故知萬法盡在自心。何不從自心中，頓見眞如本性？

菩薩戒經云：『我本元自

大乘、小乘、十二部經，都是針對不同的人而建立的。因於智慧的悟性，才能建立。如果沒有世人，一切佛法，本來就不存在。所以我們知道萬法本來都是因爲有了人才盛行起來，一切經書都是因爲人而存在。只是因爲世人當中，有愚笨的、有聰明的，愚笨的人就像小孩，聰明的人就像大人。愚笨的人向聰明的人請教學習，聰明的人向愚笨的人講解引導。愚笨的人如果豁然開悟眞理，那就和聰明人一樣了。

善求佛道的人們，如果不開悟，佛就是衆生；如果於一念之間開悟，衆生也就是佛。所以我們應當知道萬種佛法都在自己心中。爲什麼不從自己心中，頓悟眞如本性呢？

《菩薩戒經》上說：『我本來自性就是清淨

性清淨。若識自心見性，皆成佛道。『淨名經云：『即時豁然，還得本心。』

善知識，我於忍和尚處，一聞言下便悟，頓見眞如本性。是以將此教法流行，令學道者頓悟菩提，各自觀心，自見本性。

若自不悟，須覓大善知識，解最上乘法者，直示正路。是善知識，有大因緣。所謂化導，令得見性。一切善法，因善知識，能發起故。三世諸佛、十二部經，在人性

的。如果見到自己的本性，就都能成就佛道。《淨名經》（維摩詰經）上說：『刹那間的豁然開悟，就是回頭得到本心。』

善求佛道的人們，我在弘忍和尚那裡，一聽到佛法當下就明白了，頓時見到自己的眞如本性。因此將這種方法廣爲宣傳，使求佛學道的人能夠頓時覺悟佛道，各自觀照自己的心，自己見悟自己的本性。

如果自己不能開悟，必須尋找對佛法很有知見的人，指導學佛的正確道路。能遇上這樣的人，那是因爲與佛法有很大的因緣。所謂教化引導，就是要使他見到自己的本性。一切有效的方法，都因爲對佛法有知見的人，能夠給人啓發的緣故。過去、現在、未來三世諸佛及十二部經，

中，本自具有。不能自悟，須求善知識指示方見。

若自悟者，不假外求。若一向執謂須他善知識，望得解脫者，無有是處。何以故？自心內有知識自悟。若起邪迷，妄念顛倒，外善知識雖有教授，救不可得。若起眞正般若觀照，一剎那間，妄念俱滅。若識自性，一悟即至佛地。

善知識，智慧觀照，內外明徹，識自本心。若識本心，

在人的本性之中，本來就都存在。如果不能自悟本性，就必須尋找那些有知見的人來指示引導，這樣才能見悟自性。

如果能自己開悟的話，就不用藉助於他人。如果一味地、固執地認爲學佛必須依靠其他有知見的人，才能求得解脫的話，那是不對的。爲什麼呢？自己心中本來就有佛性知見可以自悟。如果生起邪見迷惑，心念錯誤顛倒，外在的有知見的人雖然可以教你，仍然挽救不得。如果能生起自己眞正的般若智慧觀照本心，在一剎那之間，妄念盡除。如果見到自性，一旦開悟就會立刻到達佛的境界。

善求佛道的人們，要用智慧來觀照，使內心與外境透徹明亮，見到本心。如果見到本心，就

即本解脫。若得解脫，即是般若三昧。般若三昧，即是無念。何名無念？知見一切法，心不染著，是爲無念。用即遍一切處，亦不著一切處。但淨本心，使六識出六門，於六塵中無染無雜，來去自由，通用無滯，即是般若三昧。自在解脫，名無念行。若百物不思，當令念絕，即是法縛，即名邊見。

善知識，悟無念法者，萬法盡通。悟無念法者，見諸佛境界。悟無念法者，至佛地

是根本的解脫，如果得到根本的解脫，就是般若三昧。般若三昧，就是無念。什麼叫無念？能知見萬事萬物，而不執著沾染，這就叫無念。般若三昧的作用可以遍及任何地方，但又不執著於任何地方。只要清淨自己的本心，使六識——眼、耳、鼻、舌、身、意等識，從六門——眼、耳、鼻、舌、身、意等門出，在六塵——色、聲、香、味、觸、法中無所雜染，來去自如，通暢無礙，這就是般若三昧。自在解脫，就叫無念行。如果心中百物不思，務必要使心念斷絕，這就是被佛法繫縛，也就是邊見。

善求佛道的人們，了悟無念法門，也就通達任何佛法；了悟無念法門，也就見到了諸佛境界；了悟無念法門，也就達到了佛的修行地位。

位。

善知識，後代得吾法者，將此頓教法門，於同見同行，發願受持，如事佛故，終身而不退者，定入聖位。然須傳授，從上以來，默傳吩咐，不得匿其正法。若不同見同行，在別法中，不得傳付。損彼前人，究竟無益。恐愚人不解，謗此法門，百劫千生，斷佛種性。

善知識，吾有一無相頌，

善求佛道的人們，後代如果有人得到我這這頓教法門，要將這法門和其它有共同見解、共同修行的人，發下誓願遵循維護，就像對待佛那樣，能如此堅定信仰終身不變者，一定會到達聖位。但是必須將此佛法傳授下去，像從前的釋迦牟尼佛密傳給迦葉祖師，一直傳到現在那樣，代代心心相傳吩咐，不得藏匿正法。如果是有不同的知見、不同的修行，是其它法門的人，那就不得傳付本教法門。以免有損於先輩前人，對眾生也沒有什麼好處。更恐愚癡之人不能理解本門妙義，誹謗我這頓教法門，於百劫千生之中，斷了佛門種性。

善求佛道的人們，我有一首無相頌，大家必

各須誦取。在家出家，但依此修。若不自修，惟記吾言，亦無有益。聽吾頌曰：

說通及心通，
如日處虛空。
唯傳見性法，
出世破邪宗。
法即無頓漸，
迷悟有遲疾。
只此見性門，
愚人不可悉。
說即雖萬般，
合理還歸一。
煩惱闇宅中，

須背誦記憶。無論在家還是出家，就根據這頌來修行。如果自己不修行，只是記住了我的無相頌，那也是沒有用處的。聽我的頌言：

說法通暢，心地又圓通，
有如明日高掛天空。
唯有所傳的見性法門，
才能超越世間萬法，破除邪法。
佛法本來沒有頓漸之分，
只有迷與悟所成的緩與速的差別。
這見性頓悟的法門，
愚鈍的人不能了知。
佛法雖有萬般說法，
佛理還是只有一種。
煩惱使人如身處暗宅中，

常須生慧日。
邪來煩惱至，
正來煩惱除。
邪正俱不用，
清淨至無餘。
菩提本自性，
起心即是妄。
淨心在妄中，
但正無三障。
世人若修道，
一切盡不妨。
常自見己過，
與道即相當。
色類自有道，

要經常生起如明日般的智慧。
邪念生起時煩惱就到，
正念生起時煩惱便除。
邪念、正念都不生起，
就是清淨的無餘涅槃。
菩提之智是人本有的自性，
心念生起就是虛妄。
清淨的心念就在妄念中，
端正心念就能掃除三障（煩惱、業、報障）。
世人若是虔心修道，
在家出家都不妨。
經常反觀自己的過失，
就是與佛道相當。
眾生本來就各有成佛之道，

各不相妨惱。
離道別覓道，
終身不見道。
波波度一生，
到頭還自懊。
欲得見眞道，
行正即是道。
自若無道心，
暗行不見道。
若眞修道人，
不見世間過。
若見他人非，
自非卻是左。
他非我不非，

彼此互不相妨。
離開自性之道另尋佛道，
終其一生無法見道。
奔波外求尋道過一生，
到頭來還是要自怨自悔。
要想覓見眞正的佛道，
依正法修行就是佛道。
自己若無求道心，
有如暗夜行走，終究無法見道。
如果是眞正修道的人，
不會注意到世間他人的過失。
如果只見他人的過失，
這是自己的過失，會使自己走上錯路。
別人錯了我不跟著錯，

我非自有過。
但自卻非心，
打除煩惱破。
憎愛不關心，
長伸兩腳臥。
欲擬化他人，
自須有方便。
勿令彼有疑，
即是自性現。
佛法在世間，
不離世間覺。
離世覓菩提，
恰如求兔角。
正見名出世，

我錯了是自己的過失。
只要去除自己的邪念，
煩惱自然破除。
世間的怨恨與愛戀不入於心，
就能自由自在高枕而臥。
要想教化其它眾生，
就需要有方便法門。
不要讓他人產生疑惑心，
便能使其自性現前。
佛法本來就依存於世間，
覺悟也不能離開世間。
離開世間去尋菩提之道，
猶如尋覓兔子的角，了不可得。
正見是出世間之見，

邪見名世間。
邪正盡打卻，
菩提性宛然。
此頌是頓教，
亦名大法船。
迷聞經累劫，
悟則剎那間。」

師復曰：「今於大梵寺，說此頓教，普願法界眾生，言下見性成佛。」

時韋使君與官僚道俗，聞師所說，無不省悟。一時作禮，皆歎：「善哉，何期嶺南有佛出世！」

邪見是世間之見。
盡將邪見、正見都打破，
菩提之智自然現前。
這無相頌是頓教法門，
也是廣度眾生的大法船。
迷者聞經累劫也不得悟，
悟者只在剎那間。」

六祖又說道：「今天在大梵寺，說這頓教法門，希望這所有世界的眾生們，當下便能了悟自性，成就佛道。」

這時，在場的韋刺史和官員、修道人、百姓，聽了六祖所說的話後，沒有不覺悟明白的。大家同時向六祖行禮，都贊嘆道：「好啊！真沒想到嶺南這地方竟然有佛出世了！」

解說

本品接續第一品，惠能在大梵寺的說法，主題則轉入禪宗思想的中心之一——般若思想。般若二字的意義有各種不同的說法，但終究不離「智慧」二字，只是別拿它當成聰明作解。因爲般若特別強調對眞理、佛法的理解作用，也因此有些人認爲應該譯爲「妙智」。

般若思想的主要經典，就是《金剛經》、《心經》。兩經的內容即是論述「萬法皆空」的宇宙觀。《心經》講「色即是空，空即是色；色不異空，空不易色。」將色與空從本質上等同視之，也就是色與空都是空，在這一立場上看，色與空是同物，都是無物。《金剛經》不用「空」字，而是用無字，用列舉的方式說明，如「無我相、無人相、無衆生相、無壽者相。」用不斷的否定說明空，但文字的表達能力是有極限的，所以讀者切不可因此又執著於文字相。

本品將般若也歸於自性本有，因爲般若正是開發自性的唯一工具。惠能反對依靠坐禪的方式求清淨開發自性，放棄這傳統的修行方法，要如何才能成佛？就是要依靠般若智慧。惠能心目中的般若是什麼？「去來自由，心體無滯，即是般若。」「一切般若智，皆從自性而生，不從外入。」般若就是觀空、不執著的心。這般若之智，也是人本身所具有的，不待外求。

不執著的心是什麼？「前念迷即凡夫，後念悟即佛；前念著境即煩惱，後念離境即菩提。」不執著的心就是惠能及《金剛經》所說的「無念」，這無念不是斷除一切心念。惠能基本上承認人的心念是無法斷除的，除非死亡。因此，成佛不在心念能否斷除，而是「不修，即凡；一念修行，自身等佛。」這是惠能禪法跳脫過去觀念的一個關鍵。

再往源頭推演，人又要如何做到不執著呢？簡單地說便是觀「空」，能建立這樣的宇宙觀，才能生起不執著的心。空的建立則必須回溯到早期佛教的無常與緣起論，由此認知宇宙萬物都不是眞實存在，因爲它們都不是永恆的。我們的生命、肉身也不過是五蘊聚合而成，緣散即滅。惠能則強調對「空」要建立更積極的觀念：「莫聞吾說空，便即著空。第一莫著空，若空心靜坐，即著無記空。」空不是死寂的空，而是含藏萬法的空：「若見一切人之惡與善，盡皆不取不捨，亦不染著。心如虛空，名之爲大。」空是廣大包容，而不執取的心量。

菩薩道的精神體現在廣度衆生，惠能對空的解釋，正是菩薩道的精神，早已脫離了理論的層次，進入實質的修行實踐。對照惠能對無念的解釋：「何名無念？知見一切法，心不染著，是爲無念。……若百物不思，當令斷絕，即是法縛，即名邊見。」可知禪是如何地積極入世，追求在世間解脫，包容萬物的解脫，而不是寂滅解脫！

三、疑問品

原文

一日，韋刺史爲師設大會齋。齋訖，刺史請師陞座，同官僚士庶肅容再拜。問曰：「弟子聞和尚說法，實不可思議。今有少疑，願大慈悲，特爲解說。」

師曰：「有疑即問，吾當爲說。」

韋公曰：「和尚所說，可

譯文

一天，韋刺史爲六祖準備了大會齋。餐畢，韋刺史請六祖升到講座，並和其他官僚、士人、百姓恭敬嚴肅地再向六祖行禮叩拜。然後問道：「弟子聽和尙講解佛法，眞是不可思議。現在有一點小小的疑問，還望大師慈悲爲懷，特別爲我們解說。」

六祖說：「有疑難就提問，我當爲你們解釋。」

韋刺史說：「和尙所講的，不正是達摩大師

不是達摩大師宗旨乎？」

師曰：「是。」

公曰：「弟子聞達摩初化梁武帝，帝問云：『朕一生造寺度僧，布施設齋，有何功德？』達摩言：『實無功德。』弟子未達此理，願和尚爲說。」

師曰：「實無功德。勿疑先聖之言。武帝心邪，不知正法。造寺度僧，布施設齋，名爲求福。不可將福便爲功德，功德在法身中，不在修福。」

師又曰：「見性是功，平

的宗旨嗎？」

六祖說：「正是。」

韋刺史說：「弟子聽說達摩最初來到中土，度化梁武帝時，武帝問道：『我一生興建寺廟、剃度很多和尚出家，並且又布施救濟窮人百姓，供養僧人飯食，這有什麼功德呢？』達摩說：『實際上沒有功德。』弟子不明白這是什麼道理，還請大師能夠爲我解說。」

六祖說：「的確沒有功德。不要懷疑先輩聖人的話。武帝心有邪念，不明白眞正的佛法。所謂修建寺廟，剃度僧侶，布施救濟，設齋供養，這叫作求福。不能將福德當作功德。功德在含攝佛法的法身上，不在於修福。」

六祖又說：「見到自性是功，踐行平等是

等是德。念念無滯，常見本性，眞實妙用，名爲功德。內心謙下是功；外行於禮是德。自性建立萬法是功；心體離念是德。不離自性是功；應用無染是德。若覓功德法身，但依此作，是眞功德。若修功德之人，心即不輕，常行普敬。心常輕人，吾我不斷，即自無功。自性虛妄不實，即自無德。爲吾我自大，常輕一切故。

善知識，念念無間是功；心行平直是德。自修性是功；

德。心念通達不滯礙，而能常常使佛性現前，實實在在地踐履運用，這叫作功德。內心謙虛而不自滿是功；表現爲禮敬他人是德。由自性中建立對萬象萬物的圓滿認知是功；自心本體離開妄念邪念是德。不離開自己的佛性是功；應用自性而無所染著，這便是德。如果想要尋求功德法身，只要根據這個原則作用，就是眞正的功德。那些修習功德的人，心裡是很謙虛的，常常對他人他事均十分恭敬。如果心中常常輕視他人，不斷我執的念頭，那就一點功德也沒有。自性如果虛妄不實，那就是無德。這是因爲執著自我、驕傲自大，經常看不起一切的緣故。

善求佛道的人們，時時令善念不中斷，這就是功；內心與外行公平正直這就是德。自己修行自修身是德。

善知識，功德須自性內見，不是布施供養之所求也。是以福德與功德別，武帝不識眞理，非我祖師有過。」

刺史又問曰：「弟子常見僧俗，念阿彌陀佛，願生西方。請和尚說，得生彼否？願爲破疑。」

師言：「使君善聽，惠能與說。世尊在舍衛城中，說西方引化經文，分明去此不遠。若論相說里數，有十萬八千，即身中十惡八邪，便是說遠。

自性是功；自己修行身行是德。

善求佛道的人們，功德是必須從自性中來認知，不是靠布施、供養所能求得到的。這就是福德與功德的區別，武帝不明白這個眞理，並非是我們的祖師說錯了。」

韋刺史又問道：「弟子常常看見一些僧人百姓，口中誦唸阿彌陀佛，希望往生到西方極樂世界。請和尚說一說，他們能往生到西方極樂世界嗎？希望你爲我們解釋這個疑惑。」

六祖說：「韋刺史請你好好聽，惠能爲你講。釋迦牟尼佛在舍衛城中，說引渡教化衆生往生西方極樂世界的經文，經文上也說得很明白，西方極樂世界離這兒不遠。如果具體地以里數來計算，大約有十萬八千里，也就是指身有十惡八說遠為其下根；說近為其上智。

人有兩種，法無兩般。迷悟有殊，見有遲疾。迷人念佛求生於彼，悟人自淨其心。所以佛言：『隨其心淨，即佛土淨。』

使君東方人，但心淨即無罪。雖西方人，心不淨亦有愆。東方人造罪，念佛求生西方；西方人造罪，念佛求生何國？

凡愚不了自性，不識身中

邪的人，這就很遠了。說它很遠，是對那些悟性較差的人說的；說它很近，是對那些具有超常智慧的人說的。

人有智愚兩種，佛法並無兩樣。有迷悟的不同，才有見道的緩速。迷惑的人口中唸佛作願求生於西方極樂世界，具智慧的人自己清淨自己的心念。所以佛陀講：『隨著人的心清淨，也就是佛土清淨了。』

使君你是生活在東方的人，只要心裡清淨就沒有罪過。雖然是生活在西方極樂世界的人，如果心裡不清淨也是有罪過的。東方人造了罪業，可以念佛求生西方極樂世界。西方人造了罪業，念佛又能求生到什麼國度裡去呢？

凡夫愚人不能了悟自己的本性，不識得自己

淨土，願東願西。悟人在處一般。所以佛言：『隨所住處恒安樂。』使君心地但無不善，西方去此不遙。若懷不善之心，念佛往生難到。今勸善知識，先除十惡，即行十萬，後除八邪，乃過八千。念念見性，常行平直，到如彈指，便睹彌陀。

使君但行十善，何須更願往生？不斷十惡之心，何佛即來迎請？若悟無生頓法，見西方只在刹那。不悟，念佛求

身上的淨土，只是想求生東方、西方。了悟的人無論在那裡都是一樣的。所以佛講：『隨你所在的地方，都能永遠安樂。』使君你心中只要沒有不善的念頭，西方極樂世界便離你不遠。如果懷有不善的心念，就是唸佛也難求生到西方極樂世界。今天勸喻諸位善求佛道的人們，先除卻自己身上的十惡，就等於走了十萬里路，再鏟除自己身上的八邪，就又過了八千里路。念念之間都能見性，行爲常是平等正直，要到達西方極樂世界，只在彈指間，便可見到阿彌陀佛。

使君只要常行十善業，何必非要發願求生西方極樂世界呢？如果自己不斷斷十惡之心，什麼佛會來接引你到西方極樂世界呢？如果明白了無生無滅的頓教法門，要見到西方極樂世界，只是

生，路遙如何得達？

惠能與諸人移西方於剎那間，目前便見。各願見否？」

眾皆頂禮云：「若此處見，何須更願往生？願和尚慈悲，便現西方，普令得見。」

師言：「大眾，世人自色身是城，眼耳鼻舌是門。外有五門。內有意門。心是地，性是王。王居心地上，性在王在，性去王無。性在身心存，

剎那間的功夫。不能了悟自性，只是唸佛求生西方極樂世界，這路遙遠，又如何能夠到達呢？

惠能給大家將西方極樂世界移到這裡來，只在剎那之間，眼前就可以看到。各位願不願意看一看呢？」

大家都行禮說：「如果在這裡就能看見，何必再要發願求生西方極樂世界呢？希望和尚慈悲為懷，現在就讓西方世界顯現出來，讓我們能看一看。」

六祖說：「諸位，世人自己的肉身就像一座城池，眼、耳、鼻、舌是門。外面有五個門(眼、耳、鼻、舌、身)，裡面有一個意門。心是土地，本性就是國王。王住在心地上，本性在則王在，本性離開則王也就沒有了。本性在身心就

性去身心壞。佛向性中作，莫向身外求。

自性迷，即是眾生。自性覺，即是佛。慈悲即是觀音，喜捨名爲勢至，能淨即釋迦，平直即彌陀。

人我是須彌，邪心是海水，煩惱是波浪，毒害是惡龍，虛妄是鬼神，塵勞是魚鱉，貪瞋是地獄。

善知識，常行十善，天堂便至。除人我，須彌倒。去邪心，海水竭。煩惱無，波浪滅。毒害忘，魚龍絕。自心地

存在，本性離開身心也就壞了。佛是從本性中生起的，不要到身外去追求。

自性如果迷惑，就是凡夫眾生。自性如果覺悟，就是佛。給人以慈悲的就是觀音，歡喜布施的就是大勢至菩薩，能夠清淨無染者就是釋迦佛，公平正直者就是彌陀佛。

我執便是須彌山，邪心如大海之水，煩惱便是波浪，毒害即是惡龍，虛妄就是鬼神，塵勞就是魚鱉，貪欲憤怒就是地獄。

善求佛道的人們，常行十善，天堂便在眼前。除卻我執，須彌山便可崩倒；拋棄邪見的心念，海水自然枯竭；煩惱全無，波浪便無影無蹤；忘卻毒害，魚龍絕種。從自己的心地之上覺

上覺性如來，放大光明，外照六門清淨，能破六欲諸天；自性內照，三毒即除，地獄等罪，一時銷滅。內外明徹，不異西方。不作此修，如何到彼？」

大眾聞說，了然見性。悉皆禮拜。俱歎：「善哉！」。唱言：「普願法界眾生，聞者一時悟解。」

師言：「善知識，若欲修行，在家亦得，不由在寺。在

悟本性中的如來眞佛，放出大光明智慧，外照眼耳鼻舌身意六門清淨無染，便能破除六欲諸天——四天王天、忉利天、夜摩天、兜率天、樂變化天、他化自在天；從自性內省自照，三毒——貪、瞋、癡即可除卻，地獄等罪過，立時消滅。這樣內外明白通徹，就與西方極樂世界沒有兩樣了。不這樣來修行，怎麼能夠到達西方極樂世界呢？」

大家聽六祖如此一講，明明白白見到了自性。全都恭敬行禮，贊歎道：「好啊！」並高興地唱道：「希望一切世界，所有聽到六祖說法的眾生，都能立刻了悟理解。」

六祖說：「善求佛道的人，如果要修行，在家也是可以的，不一定非要在寺廟裡才行。在家

家能行，如東方人心善；在寺不修，如西方人心惡。但心清淨，即是自性西方。」

韋公又問：「在家如何修行？願爲教授。」

師言：「吾與大眾說無相頌，但依此修，常與吾同處無別。若不作此修，剃髮出家，於道何益！」

頌曰：

心平何勞持戒，

行直何用修禪。

恩則孝養父母，

如果能這樣修行，就像東方人心懷善念，自是佛土；在寺廟裡不這樣修行，就如西方人心懷惡念，亦是地獄。只要心裡清淨，就是自性中的西方極樂世界。」

韋刺史又問道：「在家裡怎樣修行？希望和尚教導我們。」

六祖說：「我給大家說一首無相頌，只要根據這頌來修行，就像常和我在一起一樣。如果不這樣修行，就是剃髮出家，於成就佛道並沒有什麼好處！」

無相頌是這樣的：

心氣平和又何需刻意持戒，

直心而行又何需刻意修禪。

恩就是孝養父母，

義則上下相憐。
讓則尊卑和睦，
忍則眾惡無喧。
若能鑽木取火，
淤泥定生紅蓮。
苦口的是良藥，
逆耳必是忠言。
改過必生智慧，
護短心內非賢。
日用常行饒益，
成道非由施錢。
菩提只向心覓，
何勞向外求玄。

義就是上下之間相互憐惜。
讓就是尊卑之間和睦相處，
忍就是不宣揚種種惡行。
如果能在煩惱中精進修持（鑽木），必能證得佛法（取火），
污泥（煩惱）定能開出紅蓮（佛法）。
苦口的是良藥，
逆耳的定然是忠言。
勇於改過定然生出智慧，
護短則心中必非聖賢。
平日就要常做饒益眾生的事，
成就佛道不是依靠布施金錢。
菩提智慧只要向自心去尋，
何必向外找些玄妙的道理。

聽說依此修行，
天堂只在目前。

師復曰：「善知識，總須依偈修行，見取自性，直成佛道，法不相待。眾人且散，吾歸曹溪。眾若有疑，卻來相問。」

時刺史、官僚，在會善男信女，各得開悟，信受奉行。

聽後要依此無相頌修行，
天堂就在眼前。

六祖又說：「善求佛道的人們，總要根據這偈頌來修行，見到、證得自性，直接成就佛道，這世界不會等待你。大家就先散去回家吧，我也要回曹溪去。大家如果還有疑問，可再來相問。」

這時，韋刺史、眾官員，和參加法會的善男信女們，各自都獲得開悟，深信受持，依法修行。

解說

本品藉韋刺史提問有關達摩大師回答梁武帝「造寺度僧，布施設齋」有無功德的問題，提出惠能禪法對「功德」與「福德」的看法。並肯定達摩認爲梁武帝的善行並無功德。

惠能將梁武帝的善行歸爲「造寺度僧，布施設齋，名爲求福。不可將福便爲功德，功德在法身中，不在修福。」功德是「見性是功，平等是德。念念無滯，常見本性，眞實妙用，名爲功德。」佛教的理想人生，可分爲兩大類，第一類是受輪迴業報主導的世俗世界，在這個業報輪迴的世界裡，人們修善行、不作惡，死後可依業報轉生於善道，即人、天二道；反之，作惡者也依自己的惡行，轉生於地獄、餓鬼、畜生等惡道。第二類就是修梵行，超越六道輪迴，解脫生死的侷限。

惠能將武帝的善行歸類於第一類，也就是修福德，充其量也只能轉生善道，不能說是功德。要解脫輪迴，就必須「功德須自性內見，不是布施供養之所求也。」修行的目的在此。但「若欲修行，在家亦得，不由在寺。在家能行，如東方人心善；在寺不修，如西方人心惡。但心清淨，即是自性西方。」惠能進一步主張修行並不一定要身入佛門，在家亦可修行。惠能主張「見性」的修行，人人本具佛性，從這個觀念走上唯心的道路也是自然。

本品的另一個主要觀點，便是《維摩詰經》（淨名經）的唯心淨土觀。《維摩詰經》從正面的觀點講「若菩薩欲得淨土，當淨其心。隨其心淨，則佛土淨。」惠能則從正反兩面說明：「使君東方人，但心淨即無罪。雖西方人，心不淨亦有愆。東方人造罪，念佛求生西方；西方人造罪，念佛求生何國？」

藉著韋刺史問念佛是否眞能往生西方？惠能提出「凡愚不了自性，不識身中淨土，願東願西，悟人在處一般。」「使君心地但無不善，西方去此不遙；若懷不善之心，念佛往生難到。」淨土不是一味念佛即可得，重要的還是在於自心是否清淨，只要自心清淨，隨處都是淨土，何須再求西方或東方？

四、定慧品

原文

師示眾云：「善知識，我此法門，以定慧爲本。大眾勿迷，言定慧別。定慧一體，不是二。定是慧體，慧是定用。即慧之時，定在慧；即定之時，慧在定。若識此義，即是定慧等學。

諸學道人，莫言先定發慧、先慧發定各別。作此見

譯文

六祖開示大眾說：「善求佛道的人們，我這頓教法門，是以定慧爲根本。大家不要迷惑了，認爲定和慧是有區別的。定慧本是一體，不是二法。定是慧的本體，慧是定的運用。也就是當智慧發起時，定在慧中，入於禪定時，慧在定中。如果明白這個道理，就是定慧平等的修學。

諸位學習佛道的人，不要認爲先有了定，才能開發智慧，或者先有了慧，才能入於禪定，而

者，法有二相。口說善語，心中不善，空有定慧，定慧不等。若心口俱善，內外一如，定慧即等。自悟修行，不在於諍。若諍先後，即同迷人。不斷勝負，卻增我法，不離四相。

善知識，定慧猶如何等？猶如燈光。有燈即光，無燈即闇。燈是光之體，光是燈之用。名雖有二，體本同一。此

認爲兩者是不同的法門。有這種看法的人，就會認爲佛法有二種外相。就像口裡說好話，心中卻不幹好事，空有定慧的虛名，卻認爲定慧實際上是不相等的。如果心裡想的和口裡說的都是善，內外一致，那麼定和慧實際上就是相等的。自己了悟的修行法，不在於優劣先後的爭執。如果爭執誰先誰後，就是糊塗人。不但無法分辨優劣先後，更平添了我執和法執，離不開《金剛經》所說的我相、人相、衆生相、壽者相等四相（亦有作生、住、異、滅四相者）。

善求佛道的人們，定慧像什麼呢？就像燈光。有燈就有光，沒燈就暗了。燈是光的本體，光是燈的作用。燈和光雖然名稱不同，它們的本體卻是相同的。這種定慧法，也是同樣的道

定慧法，亦復如是。」

師示眾云：「善知識，一行三昧者，於一切處行住坐臥，常行一直心是也。淨名經云：『直心是道場，直心是淨土。』莫心行諂曲，口但說直。口說一行三昧，不行直心。但行直心，於一切法勿有執著。迷人著法相，執一行三昧，直言常坐不動，妄不起心，即是一行三昧。作此解者，即同無情，卻是障道因緣。

善知識，道須通流，何以

理。」

六祖開示大眾說：「善求佛道的人們，一行三昧的意思，是指在任何地方、任何時候，無論行、住、坐、臥，都是以一個眞實自然的心來修行。《淨名經》上說：『眞實自然的心就是道場，眞實自然的心就是佛國淨土。』不要心裡想著諂媚曲邪的事，口裡卻說要直心而行；口裡說著一行三昧，卻不行直心。只要直心修行，對一切現象都不要有所執著。迷惑的人執著於佛法的外相，執著於一行三昧，以爲常坐不動，心中不起妄念，就是一行三昧。有這樣的觀點，就和無情的草木瓦石一樣，反而是阻礙成就佛道的原因。

善求佛道的人們，佛道必須是通達無阻的，

卻滯？心不住法，道即通流。心若住法，名爲自縛。若言常坐不動是，只如舍利弗宴坐林中，卻被維摩詰訶。

善知識，又有人教坐，看心觀靜，不動不起，從此置功。迷人不會，便執成顚，如此者眾。如是相教，故知大錯。」

師示眾云：「善知識，本來正教，無有頓漸，人性自有利鈍。迷人漸修，悟人頓契。

爲什麼反而滯塞呢？心如果不執著於佛法本身的話，佛道就可通達無阻。心如果執著於佛法本身，這就叫作自我束縛。如果認爲長時間地打坐不動，就是在修佛法的話，那就和舍利弗枯坐在林中，反被維摩詰斥責一樣，並非眞的理解修行的道理。

善求佛道的人們，另外有人教人禪坐，要靜觀己心，不動、不起，用這種方法就能獲得修行功夫。迷惑的人不懂得禪坐的眞義，便執著於此，將正確和錯誤顚倒過來，像這樣的人很多。如果都這樣互相教化傳授，那就大錯特錯了。」

六祖開示大眾說：「善求佛道的人們，本來正確的教化方法，並沒有頓教和漸教的區別，只因爲人的智慧本有聰明愚笨。迷惑的人必須慢慢自識本心，自見本性，即無差別。所以立頓漸之假名。

善知識，我此法門，從上以來，先立無念為宗，無相為體，無住為本。無相者，於相而離相。無念者，於念而無念。無住者，人之本性，於世間善惡好醜，乃至冤之與親，言語觸刺欺爭之時，並將為空，不思酬害。念念之中，不思前境。若前念、今念、後念，念念相續不斷，名為繫

修行，悟性高的人當下就領悟。但只要自己能認識自己的本心，自己能見悟自己的本性，就不會有差別。所以建立這頓教、漸教不同的法門，不過是假借名稱而已。

善求佛道的人們，我所講的頓教法門，從釋迦牟尼佛以來，就是先立無念為宗旨，無相為主體，無住為根本。無相是說在境相上而離開這個相；無念是說在心念中不執著於心念；無住是說人的本性，在世間不論善、惡、好、醜，乃至冤家、親近的人，或是因語言、接觸所引起的彼此攻擊、欺侮、爭鬥等等都當作空幻來對待，不再想著報答或傷害。於每念中不再追思過去的事物。如果總在思慮過去、現在和未來的事物，念念相續，糾纏不斷，這就叫作自己捆綁自己。如

縛。於諸法上，念念不住，即無縛也。此是以無住爲本。

善知識，外離一切相，名爲無相。能離於相，則法體清淨。此是以無相爲體。

善知識，於諸境上，心不染，曰無念。於自念上，常離諸境，不於境上生心。若只百物不思，念盡除卻，一念絕即死，別處受生，是爲大錯。學道者思之。若不識法意，自錯猶可。更勸他人，自迷不見，又謗佛經。所以立無念爲宗。

果在一切現象上，能念念不執著，即是無所束縛。這就是以無住爲根本。

善求佛道的人們，心念離開一切事物的外相，這就是無相。能夠離開一切外相，那麼本體就是清淨無染。這就是以無相爲主體。

善求佛道的人們，在任何境界之中，心不執著沾染，這叫無念。即在自己的心念之中，經常遠離各種境界，不讓任何境界在心念中生住。如果以爲無念是什麼都不思，連一點心念也都絕滅了，那就是死，就要在別處受生，這是大錯特錯。學習佛道的人應該認眞思考這個問題。如果不明白佛法的眞正含義，自己錯誤了還說得過去。再用錯誤的觀念去勸喻他人，這不僅自己糊塗，不能見到自性，又增誹謗佛經之罪。所以要善知識，云何立無念爲宗？只緣口說見性，迷人於境上有念，念上便起邪見。一切塵勞妄想，從此而生。自性本無一法可得，若有所得，妄說禍福，即是塵勞邪見。故此法門立無念爲宗。

善知識，無者無何事？念者念何物？無者無二相，無諸塵勞之心。念者念眞如本性。眞如即是念之體，念即是眞如之用。眞如自性起念，非眼耳鼻舌能念。眞如有性，所以起

立這無念爲本門宗旨。

善求佛道的人們，爲什麼要立無念爲本門宗旨呢？只因爲那些只在口頭上說見到了自性，這種迷惑的人卻在境界上有所心念，這心念上便會產生邪見。一切塵勞妄想，都是由此產生的。自性本來並沒有任何一種現象可得，如果說有所得，並因此亂說禍福報應，這就是塵勞邪見。所以我這法門要立無念爲宗旨。

善求佛道的人們，所謂無，是無何事？念是念何物？無，指的是沒有差別相，沒有任何塵勞的心念。念，指的是觀照眞如自性。眞如就是心念的本體，念就是眞如自性的作用。由眞如自性產生心念，並非是眼、耳、鼻、舌能產生心念。眞如之性本有，所以能產生心念。眞如若無，

念。眞如若無，眼耳色聲當時即壞。

善知識，眞如自性起念，六根雖有見聞覺知，不染萬境，而眞性常自在。故經云：『能善分別諸法相，於第一義而不動。』

眼、耳等對色、聲的感知當下就不存在了。

諸位善求佛道的人們，從眞如自性產生的心念，雖然能使六根有所見聞、覺察、認知，卻不會執著於任何境界之中，而且眞如自性是自然常在。所以經上說：『能善於分別種種事物的外相，而又不執著於事物種種的境界，在第一義空則自然不動。』

解　說

惠能藉著對定慧的解說，在本品中提出他在修行上的三個基本方法：

一、定慧一體：定是慧體，慧是定用。兩者之間的關係應該是「慧之時，定在慧中；定之時，慧在定中。」「莫言先定發慧，先慧發定。」如果對定與慧抱有先後、主從的觀念，將執著於法相，難有成就。

二、一行三昧：惠能對一行三昧的解釋是「一行三昧者，於一切處行、住、坐、臥，常行一直心是也。」直心而行便是一行三昧。「迷人著法相，執一行三昧，直言常坐不動，妄不起心，即是一行三昧。」惠能反對這種常坐不動的修行法，並認為這樣的方法「即同無情，卻是障道因緣。」應該是「心不住法，道即流通；心若住法，名為自縛。」並舉舍利弗執意於禪坐而遭維摩詰斥責的故事。維摩詰斥責舍利弗的話裡，有幾句是這樣說的：「不捨道法，而現凡夫事，是為宴坐；心不住內，亦不在外，是為宴坐；不斷煩惱，而入涅槃，是為宴坐。」也就是惠能所主張，無論在何時何地，常行一直心，不執著於修行功夫的外相，才是一行三味。

三、無念為宗，無相為體，無住為本：惠能對這三者的解釋：「無相者，於相而離相；無念者，於念而無念；……於諸法上，念念不住，即無縛也。此是以無住爲本。」惠能對這三「無」的看法，與《金剛經》對無念的看法一致，並非要控制念頭的不能出現，因爲「若只百物不思，念盡除卻，一念絕即死，別處受生，是爲大錯。」人如果做到一念不生，就是死，反要在別處轉生，這不是惠能禪所追求的。

「無念」、「無住」、「無相」，雖是分別爲三，其實是一體的，宗旨即在「不執著」。念念無住，不使任何念頭住留，不使念念相續，這便是「眞如自性起念，六根雖有見聞覺知，不染萬境，而眞性常自在。」刻意追求的寂靜，便是執著於佛法的外相。

五、坐禪品

原文

師示眾云：「此門坐禪，元不著心，亦不著淨，亦不是不動。若言著心，心原是妄。知心如幻，故無所著也。若言著淨，人性本淨。由妄念故，蓋覆眞如。但無妄想，性自清淨。起心著淨，卻生淨妄。妄無處所，著者是妄。淨無形相，卻立淨相，言是工夫。作

譯文

六祖開示大眾說：「這個坐禪的法門，原本就是不執著於心念，不執著於清淨，也不是常坐不動。如果說執著於心念，心念本是虛妄。既知心念是虛幻的，所以要無所執著。如果說執著於清淨，人的本性原來就是清淨的。因爲妄念的緣故，而遮蓋自己的眞如自性。只要沒有妄想邪見，本性自然就是清淨的。如果著意追求清淨，反倒會生出追求清淨的妄念。虛妄沒有具體的地方可處，執著就是虛妄。清淨沒有具體的形狀相

此見者，障自本性，卻被淨縛。

善知識，若修不動者，但見一切人時，不見人之是非、善惡、過患，即是自性不動。

善知識，迷人身雖不動，開口便說他人是非、長短、好惡，與道違背。若著心著淨，即障道也。」

師示眾云：「善知識，何名坐禪？此法門中，無障無礙。外於一切善惡境界，心念

貌，卻要生出清淨的外相，而說這是學佛的功夫。持這種觀點的人，反而障礙了自己的本性，反被清淨的執著所繫縛。

善求佛道的人們，如果是修行禪定不動的功夫，只要在對待任何人的時候，不要著眼於人的是非、善惡、過失，這就是自性不動的眞正功夫。

善求佛道的人們，迷惑的人雖然身體常坐不動，可是一開口便議論他人的是非、長短、好惡，這樣就違背了修行佛道的原則。如果執著於心念、執著於清淨，那便是障礙了佛道。」

六祖開示大眾說：「善求佛道的人們，什麼叫坐禪呢？在這個法門中，是無所障礙阻塞的。對外在的一切是非善惡的境界，不起任何心念，

不起，名爲坐；內見自性不動，名爲禪。

善知識，何名禪定？外離相爲禪，內不亂爲定。外若著相，內心即亂。外若離相，心即不亂。本性自淨自定，只爲見境、思境即亂。若見諸境心不亂者，是眞定也。

善知識，外離相即禪，內不亂即定。外禪內定，是爲禪定。淨名經云：『即時豁然，還得本心。』菩薩戒經云：『我本性元自清淨。』善知

這叫坐；在內能見到自己的眞如本性而如如不動，這叫禪。

善求佛道的人們，什麼叫禪定？在外離開一切境相而不執著，叫作禪；在內堅守自性如如不動，叫作定。在外如果執著於境相，內心必會紊亂動搖。在外如果離開諸相，內心必會定而不亂。人的自性原是自淨自定，只因爲見到外境，引發思境便亂。如果能夠見到諸境而心不爲其亂的話，那就是眞正的『定』。

善求佛道的人們，在外離開諸相就是禪，在內不動不亂就是定。這外禪內定，就叫作禪定。《淨名經》說：『當下的豁然開悟，就能回頭證得本心』。《菩薩戒經》說：『我的本性原來便是清淨的。』善求佛道的人們，在自己的每一念

識，於念念中，自見本性清淨。自修，自行，自成佛道。」

之中，要能自己見到本性的清淨。自己修、自己行，自然可以成就佛道。」

解說

「何名坐禪？此法門中，無障無礙。外於一切善惡境界，心念不起，名爲坐；內見自性不動，名爲禪。」

「何名禪定？外離相爲禪，內不亂爲定。外若著相，內心即亂；外若離相，心即不亂。」

惠能解釋坐禪或禪定，都不由外在形式或方法說明，直接由本質、內涵說明。凡人卻喜歡由坐禪的形式、方法去理解坐禪，所得的結果當然不同。坐禪的目的不在於外在的形式，也不在於取得「一心」的境界，而是達到「外離相，內不動」的功用。心生萬法，所以要達到內不動；萬法生於心，卻也因於外境的干擾，所以要做到外離相。但離相與不動並非不受外界任何干擾或不生起任何心念，而是仍舊要回到惠能的基本觀念——不執取，對任何外相或心念都不執取。所以惠能告誡吾人：「妄無處所，著者是妄；淨無形相，卻立淨相。」

禪法自達摩以至四祖，都以追求「清淨心」爲法門。一味追求清淨，結果便是山林枯坐，斷離世間，不離印度文化中所追求的「梵行」——天人合一。達摩在嵩山面壁九年，傳說鳥都來他身上築巢，而他仍然不動。這樣的禪坐功夫，恐怕也是無人可及了。惠能則一反此種清淨的禪法，主張「人性本淨……但無妄想，性自清淨。」這「人性本淨」，其實也就是《涅槃經》所講的佛性思想。《大乘起信論》的中心思想——一心開二門，一心是人的本心，二門是心眞如門、心生滅門。心眞如門講的就是「本覺」，人本來所具備的佛性、清淨的本性。心生滅門就是心念受外在的熏習，生起的種種妄想。《起信論》探討的心源問題，已包括了內在的本性，與受外在干擾呈現的心念現象。達摩與惠能對這兩種基本立論的看法，其實與《起信論》沒有根本上的不同。只是達摩主張靜心觀淨，一層層地剝離這些外境引起的妄念；惠能則主張開發本具的清淨心，妄念即除。達摩觀淨的方法，是透過禪坐來去除妄念；惠能則反對任何「起心觀淨」的念頭，這念頭無論怎麼說，都是一種執著，執著就會覆蓋本來清淨的自性。

但是，在肯定惠能的自性清淨之餘，也應該認識到惠能所反對的禪坐，是形式主義的禪坐，是進一步主張行、住、坐、臥都是禪定的功夫，是實質的實踐禪定。

六、懺悔品

原文

時大師見廣韶洎四方士庶，駢集山中聽法。於是陞座告眾曰：「來，諸善知識，此事須從自性中起。於一切時，念念自淨其心，自修其行，見自己法身，見自心佛，自度自戒，始得不假到此。既從遠來，一會於此，皆共有緣。今可各各胡跪，先為傳自性五分

譯文

當時六祖看到廣州、韶州等四面八方有許多士人和老百姓，都紛紛來到山中聽法。於是升上法座，告訴大眾說：「來吧，諸位善求佛道的人們，修行學法這種事情必須從自己本性中修起。在任何時候，於每一念中，都要自己清淨本心，自己修行，見悟到自己的法身，見到自己心中本有的佛，自己度脫自己，自己持守戒律，這樣才不辜負遠來此處聽法。既然大家從四面八方遠來，同聚此地，大家都是有緣的。現在大家可以

法身香，次授無相懺悔。」眾胡跪。

師曰：「一戒香，即自心中，無非、無惡、無嫉妒、無貪瞋、無劫害。名戒香。

二定香，即睹諸善惡境相，自心不亂。名定香。

三慧香，自心無礙，常以智慧觀照自性，不造諸惡。雖修眾善，心不執著。敬上念下，矜恤孤貧。名慧香。

四解脫香，即自心無所攀緣。不思善，不思惡，自在無

放輕鬆，以右膝著地，我先為大家傳授自性五分法身香，然後再傳授無相懺悔。」大家都右膝著地，恭敬地聽著。

六祖說：「第一是戒香，就是在自己心中，沒有非難、沒有惡念、沒有嫉妒、沒有貪欲與憤怒、沒有劫擄傷害。這就是戒香。

第二是定香，就是看到各種善惡、是非的境界外相，自己內心不為所亂。這就是定香。

第三是慧香，就是自己的心中無所阻礙，常用智慧來觀照自性，諸惡不作。雖然修了許多善行，但心不記念。尊敬父母、師長、長輩，體恤關懷孤苦貧困的人。這就是慧香。

第四是解脫香，就是自己不攀緣外境。心中不思善，也不思惡，自由自在而無任何阻礙。這

礙。名解脫香。

五解脫知見香，自心既無所攀緣善惡，不可沈空守寂。即須廣學多聞，識自本心，達諸佛理，和光接物，無我無人，直至菩提，眞性不易。名解脫知見香。

善知識，此香各自內燻，莫向外覓。

今與汝等授無相懺悔，滅三世罪，令得三業清淨。

善知識，各隨我語。一時道：弟子等，從前念、今念、

就是解脫香。

第五是解脫知見香，就是自己既不攀緣外境的善惡，也不沈溺空妄枯守寂寥。應該廣學多聞，發自本心的誠摯，通達一切佛理，入世而平等接物，無人我的分別，直至成就菩提佛道，恒守眞如自性而不變異。這就是解脫知見香。

善求佛道的人們，此五分法身香，要在內心裡自燻，不要向外尋求。

現在爲你們傳授無相懺悔，滅除過去、現在、未來三世的罪業，使諸位身、口、意三業都能清淨。

善求佛道的人們，大家一起跟我說：（衆人同聲）弟子等人，從前念、今念、後念，念念都

後念，念念不被愚迷染。從前所有惡業愚迷等罪，悉皆懺悔，願一時消滅，永不復起。

弟子等，從前念、今念及後念，念念不被驕誑染。從前所有惡業，驕誑等罪，悉皆懺悔，願一時消滅，永不復起。

弟子等，從前念、今念及後念，念念不被嫉妒染。從前所有惡業，嫉妒等罪，悉皆懺悔，願一時消滅，永不復起。

善知識，以上是爲無相懺悔。

云何名懺？云何名悔？懺

不被愚癡迷惑所沾染。從前所有的惡業愚癡迷惑等罪過，全都懺悔，希望在同時立刻消滅乾淨，永遠不再生起。

弟子等人，從前念、今念，以及後念，念念都不被驕傲狂妄所沾染。從前所有的惡業，如驕傲狂妄等罪過，全都懺悔，希望在同時立刻消滅乾淨，永遠不再生起。

弟子等人，從前念、今念、以及後念，念念都不被嫉妒所沾染。從前所有的惡業，如嫉妒等罪過，全都懺悔，希望同時立刻消滅乾淨，永遠不再生起。

善求佛道的人們，以上所說便是無相懺悔。

什麼是懺呢？什麼是悔呢？所謂懺，就是坦

者，懺其前愆。從前所有惡業，愚迷、憍誑、嫉妒等罪，悉皆盡懺，永不復起，是名爲懺。悔者，悔其後過。從今已後，所有惡業，愚迷、驕誑、嫉妒等罪，今已覺悟，悉皆永斷，更不復作，是名爲悔。故稱懺悔。

凡夫愚迷，只知懺其前愆，不知悔其後過。以不悔故，前罪不滅，後過又生。前罪既不滅，後過復又生，何名懺悔？

善知識，既懺悔已，與善

白以前的過失。從前所有的惡業，如愚癡、迷惑、驕傲、狂妄、嫉妒等等罪過，全都坦白，永遠不再生起，這就是懺。所謂悔，就是思及未來可能會發生的過失。從今以後，所有的惡業，如愚癡、迷惑、驕傲、狂妄、嫉妒等罪過，如今已經覺悟，必須全都永遠斷除，絕不再造作，這就是悔。所以稱作懺悔。

凡夫愚癡迷惑，只知道坦白從前的過失，而不知思及未來可能會發生的過失。因爲不悔改的緣故，以前的罪業不但沒有滅除，後來的過失又復生起。以前的罪過既然不滅除，後來的過失又復生起，這樣怎麼能叫懺悔呢？

善求佛道的人們，既已懺悔完畢，現在與各

知識發四弘誓願。各須用心正聽：自心眾生無邊誓願度；自心煩惱無邊誓願斷；自性法門無盡誓願學；自性無上佛道誓願成。

善知識，大家豈不道眾生無邊誓願度？恁麼道，且不是惠能度？

善知識，心中眾生，所謂邪迷心、誑妄心、不善心、嫉妒心、惡毒心，如是等心，盡是眾生。各須自性自度，是名眞度。

何名自性自度？即自心中

位發四弘誓願。各位必須用心誠意地聽：從自己心裡誓度無邊的眾生；從自己心裡誓斷無邊的煩惱；從自己本性中誓願學習無盡法門；從自己本性中誓願學習無上佛道。

善求佛道的人們，大家不是發願說眾生無邊一定要度嗎？這麼說，可不是由惠能來度的？

善求佛道的人們，心中的眾生，就是那邪迷心、狂妄心、不善心、嫉妒心、惡毒心，像這些心，全都是所謂的眾生。各位必須自性自度，這才是眞正的度。

什麼叫自性自度？就是自己心中的邪見、煩

邪見、煩惱、愚癡眾生，將正見度。既有正見，使般若智打破愚癡、迷妄眾生，各各自度。邪來正度，愚來智度，惡來善度。如是度者，名爲眞度。

又煩惱無邊誓願斷，將自性般若智除卻虛妄思想心是也。又法門無盡誓願學，須自見性，常行正法，是名眞學。又無上佛道誓願成，既常能下心，行於眞正，離迷離覺，常生般若。除眞除妄，即見佛性，即言下佛道成。常念修

惱、愚癡等衆生，要用正見來度化。既然已經有了正見，就用般若的智慧來將愚癡、迷妄等衆生打破，每個人自己度自己。邪見來時以正見來度，愚癡來時用智慧來度，惡念來時用善念來度。如此度化，才是眞正的度。

接著是誓願斷除無邊煩惱，這就是用自己本性中的般若智慧來驅除那虛妄的心念。接著是誓願學習無盡的法門，這就必須自己見悟自己本性，常以正確的佛法修行，這才是眞正的學習。接著是誓願成就無上佛道，這不但要常懷謙卑之心，依誠心正道而行，還要離卻迷與覺兩邊，常生般若智慧。除去眞與妄兩邊，就可以見到佛性了，也就是當下佛道即可成就。心中常常念記修

行，是願力法。

善知識，今發四弘願了，更與善知識授無相三歸依戒。善知識，歸依覺，兩足尊；歸依正，離欲尊；歸依淨，眾中尊。

從今日去，稱覺爲師，更不歸依邪魔外道。以自性三寶常自證明。勸善知識，歸依自性三寶。佛者，覺也。法者，正也。僧者，淨也。自心歸依覺，邪迷不生，少欲知足，能離財色，名兩足尊。自心歸依正，念念無邪見，以無邪見

行這個四弘願，就是依願力修行的法門。

善求佛道的人們，現在已經發過四弘願了，再與各位傳授無相三歸依戒。各位，歸依覺性，就會成爲人中之尊（佛）；歸依正法，就能離開貪慾；歸依清淨，就會受到大衆的尊敬。

從今以後，要以覺性爲師，不再歸依其它教門外道。用自性三寶自證佛道。奉勸諸位要歸依自己本性中的覺、正、淨三寶。佛，就是覺悟之意；法，就是正道之意，僧，就是清淨之意。自己的心歸依了覺性，邪見迷妄就不會產生，清心寡欲而知足常樂，能夠遠離財色，這福慧充足便稱作兩足尊。自己的心歸依了正道，就會念念沒有邪見，因爲沒有邪見，就沒有人我的區別、傲

故，即無人我、貢高、貪愛、執著，名離欲尊。自心歸依淨，一切塵勞、愛欲境界，自性皆不染著，名眾中尊。

若修此行，是自歸依。凡夫不會，從日到夜，受三歸戒。若言歸依佛，佛在何處？若不見佛，憑何所歸？言卻成妄。善知識，各自觀察，莫錯用心。經文分明言自歸依佛，不言歸依他佛。自佛不歸，無所依處。今既自悟，各須歸依自心三寶。內調心性，外敬他人，是自歸依也。

慢自大、貪愛執著，這叫作離欲尊。自己的心歸依了清淨，一切塵勞、愛欲等境界，自性都不會沾染執著，這叫作眾中尊。

如果照此修行，便是自性歸依。凡夫不能領悟其中的道理，卻日日夜夜要受外在的三歸戒。如果說歸依佛，那麼佛在何處？如果見不到佛，那麼又憑什麼去皈依呢？說要歸依，卻成了妄語。各位要各自觀察，不要錯用了心思。經中說得很明白，說要皈依自性中的佛，而沒有說要歸依別的佛。不歸依自性中的佛，那麼就無處可歸依了。現在既然自己已經覺悟，各自要歸依自己心中的覺、正、淨三寶。在內調理心性，在外禮敬他人，這就是自性歸依。

善知識，既歸依自三寶竟，各各志心。吾與說一體三身自性佛。今汝等見三身，了然自悟自性。總隨我道：於自色身歸依清淨法身佛；於自色身歸依圓滿報身佛；於自色身歸依千百億化身佛。

善知識，色身是舍宅，不可言歸。向者三身佛，在自性中，世人總有。爲自心迷，不見內性，外覓三身如來，不見自身中有三身佛。汝等聽說，令汝等於自身中見自性有三身佛。此三身佛，從自性生，不

善求佛道的人們，既然已經歸依自性三寶，就必須各自誠心立志修行。接著我給你們講一體三身自性佛。現在你們見到了三身佛，自己就能透澈了悟自性。大家一起跟著我念：將自己的色身歸依清淨的法身佛；將自己的色身歸依圓滿的報身佛；將自己的色身歸依千百億的化身佛。

善求佛道的人們，色身只是房舍，不能說歸依房舍。前面所說三身佛，是在人的自性中，世人都有這三身佛。只因爲自心迷失，無法見到內在的佛性，才向外尋覓三身佛，而不能見到自家身中所有的三身佛。你們聽我說，讓你們在自家身上認識到自己本性之中原有的三身佛。這三身佛，是從自己本性中生起的，不是從外邊所能得

從外得。

何名清淨法身佛？世人性本清淨，萬法從自性生。思量一切惡事，即生惡行。思量一切善事，即生善行。如是諸法在自身中，如天常清，日月常明，爲浮雲蓋覆，上明下暗。忽遇風吹雲散，上下俱明，萬象皆現。世人性常浮游，如彼天雲。

善知識，智如日，慧如月，智慧常明。於外著境，被妄念浮雲蓋覆自性，不得明朗。若遇善知識，聞眞正法，

到的。

什麼是清淨法身佛呢？世人的本性原自清淨，萬事萬物都是從自性中生成的。心中生起任何惡念，就會做出惡行。心中生起任何善念，就會做出善行。如此，萬事萬物都在自身中，就像天色本來常清，日月本來常明，只因浮雲的一時遮蓋，才有上明下暗的現象。一時間遇到輕風吹來，烏雲散去，天上地下立時俱明，萬事萬物都清晰顯現。世人的本性經常浮動，正如天上的浮雲一般。

善求佛道的人們，智就像太陽，慧就像月亮，智慧經常明照。執著於外在境相，就是被浮雲般的妄念遮掩了自己本性，無法明朗清晰。如果遇到善知識，聽到眞正的佛法，就能自己鏟除

自除迷妄，內外明澈，於自性中萬法皆現。見性之人，亦復如是。此名清淨法身佛。

善知識，自心歸依自性，是歸依眞佛。自歸依者，除卻自性中不善心、嫉妒心、諂曲心、吾我心、誑妄心、輕人心、慢他心、邪見心、貢高心，及一切時中不善之行。常自見己過，不說他人好惡，是自歸依。常須下心，普行恭敬，即是見性通達，更無滯礙，是自歸依。

何名圓滿報身？譬如一燈

迷妄，內外明澈，萬事萬物都在自性中顯現。見悟自性的人，也是這樣的。這就是清淨法身佛。

善求佛道的人們，自心歸依自性，就是歸依眞佛。歸依自性的人，就能除卻本性中的不善心、嫉妒心、諂曲心、唯我心、驕狂心、輕視他人之心、傲慢他人之心、邪見心、自大心，以及在任何時候中的不善行爲。能夠經常看到自己的過錯，不談論他人的是非好惡，這就是歸依自性的人。經常懷有謙卑的心，對所有的人都恭敬如儀，就是能見性而通達的人，再無任何滯礙，這就是歸依自性。

什麼叫圓滿報身？如同一盞燈可以除去千年

能除千年闇，一智能滅萬年愚。莫思向前，已過不可得。常思於後，念念圓明，自見本性。善惡雖殊，本性無二。無二之性，名爲實性。於實性中，不染善惡，此名圓滿報身佛。自性起一念惡，滅萬劫善因。自性起一念善，得恒沙惡盡，直至無上菩提。念念自見，不失本念，名爲報身。

何名千百億化身？若不思萬法，性本如空。一念思量，名爲變化。思量惡事，化爲地

的黑暗，一點智慧便能滅盡萬年的愚昧。不要總是思念追憶從前，已經過去的不能得。要經常思考將來，在每念之中都能圓融通明，自己見悟自己的本性。善惡雖然不同，但人的本性卻沒有分別。這沒有分別的本性，就叫作眞實本性——佛性。實性不沾染善、不沾染惡，這就叫作圓滿報身佛。如果自性中生起一點惡的念頭，就會消除萬劫的善因。如果自性中生起一點善的念頭，就能使恆河沙一般多的惡業消失殆盡，直接成就無上的佛道。於念念之中都能這樣自見本性，不失本來的善念，這就是報身。

什麼叫作千百億化身？人如果不去思想外境的萬象萬物，便是如虛空一樣的本性。如果有一念的思想，這就叫變化。思量惡的事情，立時便

獄。思量善事，化爲天堂。毒害化爲龍蛇，慈悲化爲菩薩。智慧化爲上界，愚癡化爲下方。自性變化甚多，迷人不能省覺，念念起惡，常行惡道。迴一念善，智慧即生，此名自性化身佛。

善知識，法身本具。念念自性自見，即是報身佛。從報身思量，即是化身佛。自悟自修自性功德，是眞歸依。皮肉是色身，色身是宅舍，不言歸依也。但悟自性三身，即識自性佛。

化爲地獄；思量善的事情，立時便化爲天堂。毒惡傷害的心念化爲蛟龍蟒蛇；慈悲善良的念頭化爲菩薩。智慧化爲善道；愚蠢化爲惡道。自性可以有很多的變化，迷惑的人不能察覺，總於念念之中生惡念，而經常做出惡的行爲。如果能在惡念中回悟一念之善，智慧立時便會生起，這就叫作自性化身佛。

善求佛道的人們，法身本自具有，於每一念中都能自己見到自性，便是報身佛。從報身佛起念，便是化身佛。能夠自己了悟，自己修行，開發自己本性的功德，這才是眞正的歸依佛法。皮肉構成的是血肉之身，血肉之身不過如寄居的房舍一般，肉身是不能歸依佛法的。只要能悟到自性中的法身、報身、化身三身佛，那就是見到了吾有一無相頌，若能誦持，言下令汝積劫迷罪，一時消滅。」

頌曰：

迷人修福不修道，
只言修福便是道。
布施供養福無邊，
心中三惡元來造。
擬將修福欲滅罪，
後世得福罪還在。
但向心中除罪緣，
各自性中眞懺悔。
忽悟大乘眞懺悔，

自性中所具有的佛性。

我有一首無相頌，如果大家能夠誦唸持守，誦唸之間便會使諸位以往久積的迷惑與罪業，於一剎那間消滅殆盡。」

這無相頌是這樣的：

迷惑的人修福德不修佛道，
卻以爲修福德便是佛道。
布施、供養雖有無量的福德，
心中的貪、瞋、癡依舊繼續造作。
想用修福德來滅除罪業，
來生雖得福報，罪業依然存在。
只要從心念中滅除罪業的根源，
各自在自性中眞正地懺悔。
頓然了悟大乘佛法就是眞正的懺悔，

除邪行正即無罪。
學道常於自性觀，
即與諸佛同一類。
吾祖唯傳此頓法，
普願見性同一體。
若欲當來覓法身，
離諸法相心中洗。
努力自見莫悠悠，
後念忽絕一時休。
若悟大乘得自性，
虔恭合掌至心求。

師言：「善知識，總須誦取，依此修行。言下見性，雖去吾千里，如常在吾邊。於此

滅除邪念依正道而行，就沒有罪業。
學習佛道要經常觀照自性，
如此即與諸佛同在佛道。
我們的祖宗教法只傳這頓教法門，
普願眾生都能見悟自性本來眾生同具。
如果想要立刻覓得法身，
外離一切境相內除一切心念。
在見性功夫上努力吧，不要讓歲月虛度。
後念頓然斷絕時，紅塵萬事立時皆休。
若要見性悟得大乘佛法，
就必須虔誠恭敬用心追求。

六祖接著說：「善求佛道的人們，大家必須誦唸記取，依據這無相頌來修行。如果能在誦唸之中見到自性，即便是離我有千里之遠，猶如常

言下不悟，即對面千里，何勤遠來？珍重好去。」

一眾聞法，靡不開悟，歡喜奉行。

在我身邊。如果在誦唸之中仍不能見到自性，即便是面對面，也如離我千里，又何必辛苦地從遠方來到這裡聽法呢？大家各自珍重，各自好去。」

大家聽了六祖說法後，沒有不開悟，歡喜依法修行的。

解說

懺是對過去的罪業生起認知心，悔是對這些罪業起改過不再犯之心。惠能以自性為中心，藉佛教的懺悔儀式，要求學佛的人，從自性中生起改過之心。

具體的方式是透過五分法身香：戒香、定香、慧香、解脫香、解脫知見香。在自心中生起悔過、修行之心，直達菩提境，而不是透過外境的覓求。其次是無相懺悔，從前念、今念、後念中摒除一切外在的染污，不再生起。

接著是四弘願誓，佛教以誓願作為進入佛道修行的開始，四弘願誓的第一願原文是「眾生無邊誓願度」，惠能在前面加上「自心」二字，成為「自心眾生無邊誓願度」，這自心眾生，指的就是自己心中生起的邪迷心、誑妄心、不善心等。藉此強調修行就是修己心，勸人人從自性修行。

在歸依三寶方面，惠能提出無相三歸依戒，將歸依佛、法、僧改為覺、正、淨，這覺正淨就是佛法僧的內涵。總結來說，一切修行都要從自性做起，也就是「無相頌」所說：「學道常於自性觀，即與諸佛同一類。」

七、機緣品

原文

師自黃梅得法，回至韶州曹侯村，人無知者。時有儒士劉志略，禮遇甚厚。志略有姑為尼，名無盡藏，常誦大涅槃經。師暫聽，即知妙義，遂為解說。尼乃執卷問字。

師曰：「字即不識，義即

譯文

六祖從黃梅五祖弘忍處得法後，回到韶州的曹侯村時，沒有人知道他就是五祖的傳人。當時有一位儒學士人名叫劉志略，對六祖十分尊敬禮遇。劉志略有一位姑姑出家為尼，法名叫無盡藏，她常常誦唸《大涅槃經》。六祖偶爾聽她誦唸《大涅槃經》，便能立刻理解經文的妙意，於是就對無盡藏講解此經。無盡藏就拿了經卷請教六祖，有關經文文字的問題。

六祖說：「文字我可不認識，經文的義理請

請問。」

尼曰：「字尚不識，焉能會義？」

師曰：「諸佛妙理，非關文字。」

尼驚異之。告里中耆德云：「此是有道之士，宜請供養。」

有魏武侯玄孫，曹叔良及居民，競來瞻禮。時寶林古寺，自隋末兵火，已廢。遂於故基重建梵宇，延師居之。俄成寶坊。

師住九月餘日，又爲惡黨

你問吧。」

無盡藏說：「文字都不認識，又如何能懂得經文義理呢？」

六祖大師說：「諸佛的微妙佛理與文字並沒有什麼關係。」

無盡藏對此十分驚訝詫異。於是就告訴村裡德高望重的長輩：「大師是一位有道之人，應該延請供養。」

有一位魏武侯曹操的後代曹叔良和其它的居民都趕來瞻仰禮拜六祖。那時的寶林古寺，因隋朝末年的兵火焚燒，早已廢棄。於是，衆人便在舊寺的基址上重新修建寺院，禮請六祖移居寺中，頓時這裡成了宣講佛經的聖地。

六祖在此寺住了九個多月，又因一些搶奪衣

尋逐，師乃遁於前山。被其縱火焚草木，師隱身挨入石中得免。石今有師趺坐膝痕，及布衣之紋，因名避難石。師憶五祖懷會止藏之囑，遂行隱於二邑焉。

僧法海，韶州曲江人也。初參祖師。

問曰：「即心即佛，願垂指諭。」

師曰：「前念不生即心，後念不滅即佛。成一切相即心，離一切相即佛。吾若具

缽的惡黨追逐搜尋，六祖就藏身在前山之中。惡徒們又放火焚燒山中草木，六祖隱藏在石頭縫裡才得以避免這場災難。這塊石頭上至今還留有六祖趺坐的膝痕以及所穿衣服的摺紋印記，此石也因此而名叫避難石。六祖回想五祖囑咐的「逢懷則止，遇會則藏」的話，就又來到懷會之間隱藏了一段時間。

僧人法海，是韶州曲江人。第一次來參見禮拜六祖。

法海問道：「即心即佛，如何理解？希望您能開示教導我。」

六祖說：「心念尚未生起前就是心，不阻滅未來要生起的心念就是佛。能夠生成一切相的是心，能離一切相的是佛。如果要我詳細地解說，

說，窮劫不盡。聽吾偈曰：

即心名慧，
即佛乃定。
定慧等持，
意中清淨。
悟此法門，
由汝習性。
用本無生，
雙修是正。」

法海言下大悟，以偈贊曰：

即心元是佛，
不悟而自屈。
我知定慧因，

就是窮盡時間也說不完。你聽我的一首偈：

心中本具智慧，
見悟本具的佛性就是定。
能以定慧平等修持，
心意自然清淨。
要見悟這頓悟法門，
必須自己修習自性。
自性的作用本來無生無滅，
定慧雙修，才是正道。」

法海聽了六祖的偈頌後，言下立刻就大徹大悟，也用一首偈頌來讚頌：

自心原本就是佛，
不悟自性才隱蔽了自身的佛性。
我如今知道定慧就是成佛之因，

雙修離諸物。

僧法達，洪州人。七歲出家，常誦法華經。來禮祖師，頭不至地。

祖訶曰：「禮不投地，何如不禮。汝心中必有一物，蘊習何事耶？」

曰：「念法華經已及三千部。」

祖曰：「汝若念至萬部，得其經意，不以爲勝，則與吾偕行。汝今負此事業，都不知過。聽吾偈曰：

禮本折慢幢，

定慧雙修才能離卻各種物相。

僧人法達，是洪州人，七歲就出家，經常誦唸《法華經》。他來禮拜六祖時，叩頭卻不觸地。

六祖大聲訶說：「既然行禮卻叩頭不觸地，不如不要行叩頭禮。你心裡一定有物阻障，平常修習些什麼呢？」

法達說：「我誦讀《法華經》已經有三千遍了。」

六祖說：「你如果誦讀到一萬遍，並且領悟了其中義理，且不以此驕傲自大，就是我的知音。你現在辜負了佛法，竟不知自己罪過深重。且聽我的一首偈：

禮的作用本來就是在清除傲慢之心，

頭奚不至地？
有我罪即生，
亡功福無比。」
師又曰：「汝名什麼？」
曰：「法達。」
師曰：「汝名法達，何曾達法？」
復說偈曰：
汝今名法達，
勤誦未休歇。
空誦但循聲，
明心號菩薩。
汝今有緣故，
吾今爲汝說。

既然叩首又爲何不著地？
執著於我就會生起各種罪業，
不執著於功德才能福報無窮。」
六祖又問道：「你叫什麼名字？」
法達回答：「法達。」
六祖說：「你名叫法達，但你達個什麼法呢？」
於是又說了一首偈：
你的名字叫法達，
勤誦《法華經》未曾歇息。
但這只是循聲空誦，
見到自性之心才是菩薩。
因爲你與我有緣，
如今我爲你講說佛法。

但信佛無言，
蓮華從口發。

達聞偈，悔謝曰：「而今而後，當謙恭一切。弟子誦法華經，未解經義，心常有疑。和尚智慧廣大，願略說經中義理。」

師曰：「法達，法即甚達，汝心不達。經本無疑，汝心自疑。汝念此經，以何爲宗？」

達曰：「學人根性闇鈍，從來但依文誦念，豈知宗趣？」

只要相信佛在自心，不必言語，
清淨蓮花自然從口中生出。

法達聽到這首偈後，就懺悔謝罪道：「從今以後，一定謙恭對待一切事物。學生誦讀《法華經》時，未能領會經文義理，心中常有疑惑。大和尚的智慧廣大淵博，希望能要略地講解經中的義理。」

六祖說：「法達，佛法本來十分通達，只是因爲你的不能領悟而未能通達。佛經本來沒有什麼可以疑慮的，而是你的心自己疑惑。你誦讀這部《法華經》，是以什麼爲宗旨的呢？」

法達說：「學生天生愚笨遲鈍，從來只是根據經文字句誦讀，那裡知道什麼宗旨？」

師曰：「吾不識文字，汝試取經誦一遍，吾當爲汝解說。」

法達即高聲念經，至譬喻品，師曰：「止，此經元來以因緣出世爲宗。縱說多種譬喻，亦無越於此。何者因緣？經云：『諸佛世尊，唯以一大事因緣，故出現於世。』一大事者，佛之知見也。

世人外迷著相，內迷著空。若能於相離相，於空離空，即是內外不迷。若悟此法，一念心開，是爲開佛知

六祖說「：我不認識字，你試著取出經文誦讀一遍，我一定爲你解說。」

法達就高聲誦讀經文，唸到《譬喻品》時，六祖大師讓他停下來，說道：「這部經是以如來因一件大事的因緣而來生於世爲其宗旨的。即便說了很多種譬喻，也沒有超出這個道理。是什麼因緣呢？《法華經》上說：『所有的佛陀世尊，都是以一件大事的因緣而出現在世界上。』這件大事，就是佛的知見。

世人在外迷失執著於外相上，在內又迷失執著於空義中。如果能在相上遠離於相，在空中遠離於空，那就是內外都不迷失了。如果能領悟這個法門，於一念之間心中迷團盡開，這就是開啓

見。

佛，猶覺也。分爲四門，開覺知見，示覺知見，悟覺知見，入覺知見。若聞開示，便能悟入，即覺知見。本來眞性而得出現。

汝愼勿錯解經意。見他道開示悟入，自是佛之知見，我輩無分。若作此解，乃是謗經毀佛也。彼既是佛，已具知見，何用更開？汝今當信佛知見者，只汝自心，更無別佛。蓋爲一切眾生，自蔽光明，貪愛塵境，外緣內擾，甘受驅

了佛的知見。

佛，就是覺悟。可分爲四門：開啓覺的知見，示現覺的知見，契悟覺的知見，進入覺的知見。如果能一聽聞佛法就能開啓示現你的覺，那麼就可契悟、進入到覺中，這就是「覺」的知見。自己本來所具有的眞如佛性就能顯現。

你必須愼重，不要錯解佛經的眞義。見到別人說：開啓、示現、契悟、進入到『覺』中，便認爲這只是佛的知見，我們這等人是不可能的。如果有了這種見解，就是誹謗佛經毀滅佛陀。佛既然已經是佛，已經具備了佛的知見，何必再開佛知見呢？你今天應當相信，佛的知見只在於你自己心中，此外再也沒有別的佛了。都是因爲世間的芸芸衆生，自己遮蔽了光明，貪戀於客塵外

馳。便勞他世尊，從三昧起，種種苦口，勸令寢息，莫向外求，與佛無二。故云開佛知見。

吾亦勸一切人，於自心中，常開佛之知見。世人心邪，愚迷造罪。口善心惡，貪瞋嫉妒，諂佞我慢，侵人害物，自開眾生知見。若能正心，常生智慧，觀照自身，止惡行善，是自開佛之知見。

汝須念念開佛知見，勿開眾生知見。開佛知見，即是出

境，在外攀緣爭逐，在內為煩惱所擾，甘心情願地受驅馳。所以要勞動諸佛世尊，從定中起來，苦口婆心地勸喻世人，停止那些貪欲、煩惱，不要向外爭逐，那就和佛一樣，沒有區別了。所以說是開啓佛的知見。

我也勸喻世間的人們，要在自己心中，常開啓佛的知見。世人因為心中懷有邪見，而愚昧、迷失於造作罪業。嘴裡講著行善，心中懷著惡意，貪欲、瞋怒，嫉妒、諂曲虛妄、傲慢自大、損人害物，這是自己開啓眾生的知見。如果能夠端正心念，常常用智慧來觀照自身所為，止息惡念，廣行善事，這便是自己開啓佛的知見。

你必須在念念之中開啓佛的知見，不要開啓眾生的知見。開啓佛的知見，就是出世間。開啓

世。開眾生知見，即是世間。汝若但勞勞執念，以爲功課者，何異犛牛愛尾？」

達曰：「若然者，但得解義，不勞誦經耶？」

師曰：「經有何過，豈障汝念？只爲迷悟在人，損益由己。口誦心行，即是轉經；口誦心不行，即是被經轉。聽吾偈曰：

心迷法華轉，
心悟轉法華。
誦經久不明，
與義作讎家。

眾生的知見，就是墮入煩惱世間。你如果只是執著於誦唸多少經文，作爲修道的功課，那豈不和犛牛愛惜自己的長毛尾巴一樣了嗎？」

法達說：「像這樣的話，是不是只須瞭解經義，就不必辛苦地誦讀經文了嗎？」

六祖說：「經文有什麼過錯，怎能障礙你的心念？只因爲迷惑和開悟全在自己，損與益也在自己。如果口誦經文，心中也隨著修行，就是轉經。口裡誦讀著經文而心中卻不修行，那就是被經所轉。你聽我說一首偈：

心迷便是被法華轉，
心悟便是轉法華。
誦經歷久不能明白，
就像與經義作仇家。

無念念即正，
有念念成邪。
有無俱不計，
長御白牛車。」

達聞偈，不覺悲泣，言下大悟。而告師曰：「法達從昔已來，實未曾轉法華，乃被法華轉。」

再啓曰：「經云，諸大聲聞乃至菩薩，皆盡思共度量，不能測佛智。今令凡夫但悟自心，便名佛之知見。自非上根，未免疑謗。又經說三車，羊鹿牛車，與白牛之車，如何

無念就是正念，
有念就會形成邪念。
不去執著心念的有無，
就是駕御最上乘的佛法。

法達聽偈後，情不自禁地悲泣起來，只因聽了六祖的一席話便立刻大徹大悟。於是告訴六祖說：「法達從過去以來，的確是沒有理解《法華經》的眞義，只是被《法華經》的文句所牽累。」

接著再問：「經上說，佛的諸大弟子從聲聞以至菩薩，都盡他們的思惟來共同度量，也無法測度到佛的廣大智慧。現在您讓凡夫只要能開悟自己，就叫作佛的知見。我自己並非根器銳利的人，心中難免有所懷疑毀謗。另外，經上還說三車，羊車、鹿車、牛車，它們與白牛車又怎麼區

區別？願和尚再垂開示。」

師曰：「經意分明，汝自迷背。諸三乘人，不能測佛智者，患在度量也。饒伊盡思共推，轉加懸遠。佛本爲凡夫說，不爲佛說。此理若不肯信者，從他退席。殊不知坐卻白牛車，更於門外覓三車。況經文明向汝道，唯一佛乘，無有餘乘。若二若三，乃至無數方便，種種因緣，譬喻言詞，是法皆爲一佛乘故。汝何不省？三車是假，爲昔時故。一乘是實，爲今時故。只教汝去假歸

別？希望大和尚能夠再解釋一下。」

六祖說：「經文的義理清楚分明，你自己迷失而背離經義。這些聲聞、緣覺、菩薩三乘人，他們之所以不能領悟佛的智慧，毛病就出在這度量上。就算他們竭盡全部的思惟來共同推測，也只是越加遙遠。佛本來是針對凡夫而說的，不是爲自己而說。如果有不肯相信這個道理的人，任他自由離去。竟然不明白自己已坐上白牛車，卻偏要向外去尋覓羊車、鹿車和牛車。何況經文已經明白地告訴你，只有唯一的一種佛道，再沒有其他的佛道。無論是第二種、第三種，以至於無數種的方便法，佛道的種種因緣，比喻及言詞也只是爲尋求最上乘佛道的方法而已。你爲什麼不了解呢？三車都只是一個方便的假名，是爲了過

實，歸實之後，實亦無名。應知所有珍財，盡屬於汝，由汝受用。更不作父想，亦不作子想，亦無用想。是名持法華經，從劫至劫，手不釋卷，從晝至夜，無不念時也。」

達蒙啓發，踊躍歡喜。以偈贊曰：

經誦三千部，

曹溪一句亡。

未明出世旨，

去的情況而說。最上乘佛道才是實在的，它是爲了現今而存在的。三乘車只是教你離開假名而回歸到一乘佛道上，回歸眞實之後，眞實也就沒有什麼名稱了。應該明白，所有的珍貴寶物，全都只屬於你自己，由你自己享用。既不要想這是父親的財產，也不要企圖留給子孫，更不要有外用的想法。這才叫作受持《法華經》的眞正涵義，這才是從過去到未來，手不離經卷，從白天到黑夜，沒有一刻不在誦讀《法華經》。」

法達受到六祖的啓發後，高興地歡喜跳躍。並用一首偈讚道：

誦經三千部自認的功德，

曹溪大師一句話就推翻。

不了解出世的旨意，

寧歇累生狂。
羊鹿牛權設，
初中後善揚。
誰知火宅內，
元是法中王。

師曰：「汝今後方可名念經僧也。」達從此領玄旨，亦不輟誦經。

僧智通，壽州安豐人。初看楞伽經，約千餘遍，而不會三身四智。禮師求解其義。

師曰：「三身者，清淨法身，汝之性也。圓滿報身，汝

如何止息多生以來的狂惑。
羊鹿牛三車只是權宜的佛道，
依循時宜善加發揚。
誰知火宅內的自性，
原來就是佛性，就是法中王。

六祖說：「你今後才可以稱爲念經僧。」法達從此領悟到佛法的玄妙精義，但也未停止誦經。

僧人智通，是壽州安豐人。他先前曾看過《楞伽經》，大約有一千多遍，可是不懂什麼叫三身四智。於是來禮拜六祖，請求六祖講解《楞伽經》的義理。

六祖說：「三身指的是：清淨的法身，這是你的本性；圓滿的報身，這是你的智慧；千百億

之智也。千百億化身，汝之行也。若離本性別說三身，即名有身無智。若悟三身無有自性，即名四智菩提。聽吾偈曰：

自性具三身，
發明成四智。
不離見聞緣，
超然登佛地。
吾今爲汝說，
諦信永無迷。
莫學馳求者，
終日說菩提。」

通再啓曰：「四智之義，

的變化身，這是你的所作所爲。如果離開自己的本性來單獨談論三身，這叫有身而無智慧。如果能見悟三身沒有獨立的自性，這叫作四智菩提。聽我說一首偈：

人的自性本具三身，
自性發揚就是成就四智。
不必離卻世間的見聞因緣，
就能超脫而登上成佛的境地。
我現在要告訴你，
信奉眞理即能永不迷惘。
不要學旁人忙碌奔求，
終日空談菩提。」

智通又問道：「四智的意義，能讓我聽聽

可得聞乎？」

師曰：「既會三身，便明四智，何更問耶？若離三身，別談四智，此名有智無身。即此有智，還成無智。」

復說偈曰：

大圓鏡智性清淨，

平等性智心無病。

妙觀察智見非功，

成所作智同圓鏡。

五八六七果因轉，

但用名言無實性。

若於轉處不留情，

繁興永處那伽定。

嗎？」

六祖說：「既然已經領會了三身之意，也就明白了什麼叫四智，何必再問呢？如果離開三身，另外再談四智，這叫作有智而無身，就算有了智慧，也等於沒有智慧。」

六祖又說了一首偈：

大圓鏡智就是指自性清淨，

平等性智指眾生平等心沒有分別相。

妙觀察智能徹悟萬法皆空，不執取功德，

成所作智能度一切眾生，同具大圓鏡智。

五識、八識爲果，六識、七識爲因，因果互轉，

轉識但有名，而不具實性。

如果能在轉識中，斷離一切世間情。

就能斷離一切煩惱，永處佛的禪定中。

通頓悟性智，遂呈偈曰：

三身元我體，
四智本心明。
身智融無礙，
應物任隨形。
起修皆妄動，
守住匪眞情。
妙旨因師曉，
終亡染污名。

僧智常，信州貴谿人。髫年出家，志求見性。一日參禮。

師問曰：「汝從何來？欲

智通豁然了悟本性中的智慧，於是呈給六祖一首偈：

三身原在我自性本體中，
四智也是我本心所具的光明。
三身與四智融合無礙，
自然能任運隨形應物。
起念修行都是妄動，
執取於住心就不是眞如本性。
大師的開示使我頓悟佛法妙旨，
今後不再受客塵污染。

僧人智常，是信州貴溪人。他在小時候就出家了，立志要見悟自性。一天他來參禮六祖。

六祖問道：「你從那裡來？想要得到什麼？」

求何事？」

曰：「學人近往洪州白峰山禮大通和尚，蒙示見性成佛之義。未決狐疑，遠來投禮。伏望和尚慈悲指示。」

師曰：「彼有何言句？汝試舉看。」

曰：「智常到彼，凡經三月，未蒙示誨。爲法切故，一夕獨入丈室，請問如何是某甲本心本性？

大通乃曰：『汝見虛空否？』

對曰：『見。』

智常回答說：「我近日曾到洪州白峰山去參禮大通和尚，承蒙他講授了見性成佛的道理。但仍然沒有消除我心中的疑惑，所以就從遠處來此參禮。懇請大和尚能夠爲我開示。」

六祖說：「大通和尚都講了些什麼？你舉個例子給我聽聽。」

智常說：「智常在大通和尚那裡，待了三個月，一直沒有得到他的開示教誨。因我心中求法迫切，一天晚上就一個人進到方丈室內，向大通和尚請教什麼是智常的本心本性？

大通和尚就說：『你看到虛空了嗎？』

智常回答說：『看到了。』

彼曰：『汝見虛空有相貌否？』

對曰：『虛空無形，有何相貌？』

彼曰：『汝之本性猶如虛空，了無一物可見，是名正見。無一物可知，是名眞知。無有青黃長短，但見本源清淨，覺體圓明，即名見性成佛，亦名如來知見。』

學人雖聞此說，猶未決了，乞和尚開示。」

師曰：「彼師所說，猶存見知，故令汝未了。吾今示汝

大通和尚說：『你看見的虛空有沒有相狀？』

智常回答說：『虛空本來就沒有形狀，那有什麼相狀呢？』

大通和尚說：『你的本性，就像虛空一樣，是看不見任何形狀的，這就是正見。沒有任何形狀可以認知，這叫作眞正的知見。沒有什麼青、黃的顏色，沒有什麼長短的差別，只看到本性的清淨，本覺之體圓滿通明，這就叫作見性成佛，也叫做如來的知見。』

我雖然聽了大通和尚這樣的解說，仍然沒有徹底明白，還望和尚您能開示我。」

六祖說：「大通和尚的解釋，仍然存有知見的地方，所以使你不能眞正理解明白。我現在爲

一偈：

不見一法存無見，
大似浮雲遮日面。
不知一法守空知，
還如太虛生閃電。
此之知見瞥然興，
錯認何曾解方便。
汝當一念自知非，
自己靈光常顯現。」
常聞偈已，心意豁然。乃述偈曰：

無端起知見，
著相求菩提。
情存一念悟，

你說一首偈：

說是不見一物，卻存有『無』的意識，
這『無』的知見就像遮住太陽的一大片雲。
說是不知有一物，心中卻執守『空』的知見，
這『空』的知見就像天空中出現的閃電。
這突然生起的空、無知見，
一時錯認，那裏知道這只是方便法門。
你要能在一念之間覺知這個錯知，
使自己的靈光經常顯現。」
智常聽罷這首偈，心裡豁然開朗，也說了一首偈：

無端地興起衆生的知見，
於執著外相中求菩提。
心中執意追求見悟，

寧越昔時迷。
自性覺源體，
隨照枉遷流。
不入祖師室，
茫然趣兩頭。

智常一日問師曰：「佛說三乘法，又言最上乘，弟子未解，願爲教授。」

師曰：「汝觀自本心，莫著外法相。法無四乘，人心自有等差。見聞轉誦是小乘。悟法解義是中乘。依法修行是大乘。萬法盡通，萬法具備，一切不染，離諸法相，一無所

這障礙更甚於過去的迷惑。
自性本來是覺悟的根源本體，
卻隨著執意學法而妄自流轉。
如果不是蒙祖師指點，
猶自茫然在空無中追求。

智常有一天問六祖道：「佛講三乘的佛法：聲聞、緣覺、菩薩，可是又講最上乘，弟子不太明白，還請您爲我講授。」

六祖說：「你只需觀照自己的本心，不要執著於佛法的外相上。佛法本來是沒有四乘的，只是人本身的理解程度有差別。看見、聽到，並且跟著轉誦佛法，這是屬於小乘佛法。見悟佛法並能理解義理，這是屬於中乘佛法。依據佛法修行實踐，這是屬於大乘佛法。任何佛法都能貫通，

得，名最上乘。乘是行義，不在口爭。汝須自修，莫問吾也。一切時中，自性自如。」常禮謝，執侍，終師之世。

僧志道，廣州南海人也。請益曰：「學人自出家，覽涅槃經十載有餘，未明大意。願和尚垂誨。」

師曰：「汝何處未明？」

曰：「諸行無常，是生滅法。生滅滅已，寂滅爲樂。於此疑惑。」

能具備各種佛法，又不沾染任何佛法，遠離各種佛法外相，沒有任何執著，這就叫作最上乘。乘的本意在於實踐，不在於口頭上的爭論。你必須自己修行，不要問我。在任何時候，自性都是如如不動的。」智常禮拜致謝，此後隨侍六祖，直到六祖離世。

僧人志道，是廣州南海人。他向六祖請教道：「我自從出家以來，《涅槃經》已經看了十多年，可是仍然沒能明白此經的大意。希望您能給我教示。」

六祖說：「你什麼地方不明白？」

志道回答：「經中有一偈講：『諸行無常，是生滅法。生滅滅已，寂滅爲樂。』就是這個地方有所疑惑。」

師曰：「汝作麼疑？」

曰：「一切衆生皆有二身，謂色身法身也。色身無常，有生有滅。法身有常，無知無覺。經云：生滅滅已，寂滅爲樂者，不審何身寂滅？何身受樂？若色身者，色身滅時，四大分散，全然是苦。苦，不可言樂。若法身寂滅，即同草木瓦石，誰當受樂？又法性是生滅之體，五蘊是生滅之用。一體五用，生滅是常。生則從體起用，滅則攝用歸體。若聽更生，即有情之類，

六祖問道：「你爲什麼會生出疑惑？」

志道說：「一切衆生都有二身，就是色身和法身。色身變化無常，既有生也有滅。而法身則恆常不變，也沒有知覺。經上說：『生滅滅已，寂滅爲樂』，不知道是什麼身寂滅？什麼身受樂？如果說是有形的色身，色身滅後，地、水、火、風這四大便散離，完全是痛苦。既然是痛苦，就不能稱作樂。如果是無形的法身寂滅，就如同草木瓦石一樣，無知無覺，該由誰受樂呢？而且，法性是生滅的本體，五蘊是生滅的作用。本體有這五種具體的作用，不斷地生滅，這就是常。如果是生，就從本體中產生出這五種的作用；如果是滅，就收攝這五種作用歸於本體。如果還能再生，那就是有情衆生，生命就沒有斷

不斷不滅。若不聽更生，則永歸寂滅，同於無情之物。如是，則一切諸法被涅槃之所禁伏，尚不得生，何樂之有？」

師曰：「汝是釋子，何習外道斷常邪見，而議最上乘法？據汝所說，即色身外別有法身，離生滅求於寂滅。又推涅槃常樂，言有身受用，斯乃執吝生死，耽著世樂。汝今當知，佛爲一切迷人，認五蘊和合爲自體相，分別一切法爲外塵相。好生惡死，念念遷流，不知夢幻虛假，枉受輪迴。以

滅。如果不能再生，就永遠歸於寂滅，如同草木瓦石這類無情之物了。如果是這樣，那一切的現象都要被涅槃所禁制，生命尚且不存在，有什麼可稱作樂呢？」

六祖說：「你是佛門的弟子，怎麼學了外道有斷有常的邪見，來評論無上的佛道呢？照你的說法，就是在色身之外另有一個法身，離開生滅而追求涅槃。又推論涅槃爲常樂我淨，依此說有身體來受用其快樂，這乃是執愛生命，沉溺於世俗享樂。你現在應該知道，佛見一切迷惑的大衆，他們認爲五蘊和合構成了人的自體相，對外界的一切現象則起分別心爲外塵相。貪愛生命，憎惡死亡，各種欲念受著外境遷流，不明白這一切全然都如夢幻，虛假不實，枉自在生死輪迴中

常樂涅槃，翻爲苦相，終日馳求。佛愍此故，乃示涅槃眞樂，剎那無有生相，剎那無有滅相，更無生滅可滅，是則寂滅現前。當現前時，亦無現前之量，乃謂常樂。此樂無有受者，亦無不受者，豈有一體五用之名？何況更言涅槃禁伏諸法，令永不生？斯乃謗佛毀法。

聽吾偈曰：

無上大涅槃，
圓明常寂照。
凡愚謂之死，

受苦。因爲衆生終日追求這永恒不變的涅槃之樂，反變成一種痛苦。佛因爲憐憫這些迷人的無知，就示現涅槃的眞正快樂，於剎那之間既沒有生的相貌，也沒有滅的相貌，更沒有生滅可以滅除，這樣那無生無滅的涅槃之境便會現前。當涅槃之境出現時，也沒有具體的體量可以度量，這就是涅槃常樂。這種常樂既沒有受用者，也沒有不受用者，怎麼還有『一體五用』的名稱呢？何況還講涅槃會禁制一切現象，讓現象永遠不會產生？這是誹謗佛陀毀損佛法的謬見呀！

聽我說一首偈：

無上佛道的涅槃境界，
是圓滿光明恆常照耀的寂靜境界。
凡夫愚昧稱此爲死亡，

外道執爲斷。
諸求二乘人，
目以爲無作。
盡屬情所計，
六十二見本。
妄立虛假名，
何爲眞實義？
惟有過量人，
通達無取捨。
以知五蘊法，
及以蘊中我。
外現眾色像，
一一音聲相。
平等如夢幻，

外道則持涅槃是斷滅的執見。
那些追求二乘果位的修行人，
則自認爲涅槃就是無造作。
這些見解都是有情的計量，
以六十二種邪見爲根本。
妄自設立各種假名，
不了解佛法眞正的意義。
惟有器量超凡的人，
能通達而無所取捨。
因爲知道五蘊聚散的道理，
以及五蘊中無我的現象。
外在所顯現的具體色像，
各個都是有聲有形的相。
其實都如同夢幻般，

不起凡聖見。
不作涅槃解，
二邊三際斷。
常應諸根用，
而不起用想。
分別一切法，
不起分別想。
劫火燒海底，
風鼓山相擊，
眞常寂滅樂，
涅槃相如是。
吾今強言說，
令汝捨邪見，
汝勿隨言解，

不要生起凡聖的差別見。
也不作涅槃相來理解，
斷除兩種邊見及三世的執見。
經常隨順六根的作用，
而不存在六根作用的執見。
能分別世間的萬象萬物，
又對一切萬物能平等而不作分別。
當劫火燒起，海水枯竭，
風吹山碎，世界毀滅時，
才是眞實永恆的寂滅之樂，
這就是涅槃寂滅的實相。
我如今勉強用言語表達，
是希望你捨棄邪見，
你不能從言語表象來理解，

許汝知少分。」

志道聞偈大悟，踊躍作禮而退。

行思禪師，生吉州安城劉氏。聞曹溪法席盛化，徑來參禮。

遂問曰：「當何所務，即不落階級？」

師曰：「汝曾作什麼來？」

曰：「聖諦亦不爲。」

師曰：「落何階級？」

曰：「聖諦尚不爲，何階級之有？」師深器之，令思首

或許可了悟一些佛法。」

志道聽了這首偈後，大徹大悟，歡喜跳躍，向六祖行禮，然後退在一旁。

行思禪師，出生在吉州安城劉氏家裡。聽到曹溪弘法十分興盛，就直接來參禮六祖。

行思問道：「應當如何修行，才不至於落入漸修法門？」

六祖問他：「你曾修什麼法？」

行思禪師回答說：「我對四聖諦都不修了。」

六祖說：「四聖諦都不修了，還落到什麼漸修法門呢？」

行思禪師說：「是啊！我對四聖諦都不修了，那還有什麼漸修呢？」六祖十分器重他，就

眾。

一日，師謂曰：「汝當分化一方，無令斷絕。」

思既得法，遂回吉州青原山，弘法紹化。謚弘濟禪師。

懷讓禪師，金州杜氏子也。初謁嵩山安國師，安發之曹溪參叩。讓至禮拜。

師曰：「甚麼來？」

曰：「嵩山。」

師曰：「什麼物？恁麼來？」

曰：「說似一物即不中。」

讓他擔任首座弟子。

一天，六祖對行思說：「你應當找個地方弘揚佛法，教化眾生，不要讓佛法斷失。」

行思禪師既已領受了佛法，於是就回到吉州的青原山，在那裡弘揚佛法，教化眾生。他寂滅後被追謚爲弘濟禪師。

懷讓禪師，是金州杜氏之子。起初他拜在嵩山慧安國師門下，安國師打發他到曹溪參禮六祖。懷讓就來到曹溪禮拜六祖。

六祖問道：「從那裡來？」

懷讓回答說：「從嵩山來。」

六祖說：「什麼東西？憑什麼而來？」

懷讓說：「說像什麼東西，就不對了。」

師曰：「還可修證否？」

曰：「修證即不無，污染即不得。」

師曰：「只此不污染，諸佛之所護念，汝即如是，吾亦如是。西天般若多羅讖汝足下出一馬駒，踏殺天下人，應在汝心，不須速說。」

讓豁然契會。遂執侍左右一十五載，日臻玄奧。後往南嶽，大闡禪宗，敕諡大慧禪師。

永嘉玄覺禪師，溫州戴氏

六祖問：「那還可以有所修，有所證嗎？」

懷讓回答說：「如果修證就不是無心了，污染就不能證得了。」

六祖說：「只說這無所污染的心，就是諸佛所要護念的，你是如此，我也是這樣。印度般若多羅法師有一個預言：在你的門下要出現一個馬駒子（指馬祖道一禪師），他的辯才智慧會征服天下人。這個預言應在你的心中，不必急著要講出來。」

懷讓心中頓然領會。於是留在六祖身旁服侍十五年，修行日見深奧廣大。後來他前往南嶽衡山，大力闡揚禪宗妙義，寂滅之後被敕封為大慧禪師。

永嘉的玄覺禪師，是溫州戴氏之子。少年時

子。少習經論，精天台止觀法門。因看維摩經，發明心地。偶師弟子玄策相訪，與其劇談。出言暗合諸祖。

策云：「仁者得法師誰？」

曰：「我聽方等經論，各有師承。後於維摩經，悟佛心宗，未有證明者。」

策云：「威音王已前即得，威音王已後，無師自悟，盡是天然外道。」

曰：「願仁者爲我證據。」

策云：「我言輕。曹溪有六祖大師，四方雲集，並是受

即學佛法經論，對天台宗的止觀法門特別有造詣。因爲閱讀《維摩經》而啓發心性法門。偶然遇到六祖的弟子玄策來拜訪，就與他相談甚篤。他所講的佛經義理深合歷代祖師的眞義。

玄策問他：「你所得佛法，拜誰爲師父？」

玄覺說：「我聽各家的經論，各有師承關係。後來讀誦《維摩經》，認識到佛法的心性宗旨，還沒有誰來爲我印證對錯。」

玄策說：「如果是在威音王之前你便是已證得，如果是在威音王以後，沒有師父傳授而自己所悟到的，自然都不是佛門正道。」

玄覺說：「希望你能爲我證明。」

玄策說：「我學識尙淺。曹溪南華寺有六祖大師，四面八方的學者都雲集該處，聽受他的佛

法者。若去，則與偕行。」

覺遂同策來參，繞師三匝，振錫而立。

師曰：「夫沙門者，具三千威儀，八萬細行。大德自何方而來，生大我慢？」

覺曰：「生死事大，無常迅速。」

師曰：「何不體取無生，了無速乎？」

曰：「體即無生，了本無速。」

師曰：「如是，如是。」

玄覺方具威儀禮拜，須臾

法。如果你願意去的話，我和你一塊兒去。」

玄覺於是跟著玄策來到曹溪參禮，繞著六祖轉了三圈，然後振動錫杖，便站立一旁。

六祖說：「佛門弟子應具備三千種威儀，八萬種細微的行為。你從那裡來，為什麼對我如此傲慢？」

玄覺說：「生與死才是人生的大事，它變化無常，又十分迅速。」

六祖說：「那為何不從本體領悟無生無死的道理，也就沒有迅速的變化呢？」

玄覺說：「本體無所謂生死，了悟也沒有所謂速度。」

六祖說：「是這樣，是這樣。」

玄覺這才整理儀容，重新禮拜六祖，沒多久

告辭。

師曰：「返太速乎？」

曰：「本自非動，豈有速耶？」

師曰：「誰知非動？」

曰：「仁者自生分別。」

師曰：「汝甚得無生之意。」

曰：「無生豈有意耶？」

師曰：「無意誰當分別？」

曰：「分別亦非意。」

師曰：「善哉，少留一宿。」

時謂一宿覺，後著證道歌

就向六祖告辭。

六祖問：「回去的是否太快了？」

玄覺說：「本來就沒有行動，那有什麼快不快呢？」

六祖說：「誰知你動了沒有？」

玄覺說：「這是大師自己生出區別的。」

六祖說：「你已透徹地理解了無生的眞義。」

玄覺說：「無生那有什麼意義呢？」

六祖說：「誰來區別這是有意還是無意？」

玄覺說：「分別也沒有意義。」

六祖說：「善哉，就住個晚上吧。」

當時這段因緣被稱作「一宿覺」。後來玄覺

盛行於世，謚曰無相大師。時稱爲眞覺焉。

禪者智隍，初參五祖，自謂已得正受。庵居長坐，積二十年。師弟子玄策，游方至河朔，聞隍之名，造庵問云：「汝在此作什麼？」

隍曰：「入定。」

策云：「汝云入定，爲有心入耶？無心入耶？若無心入者，一切無情草木瓦石，應合得定。若有心入者，一切有情含識之流，亦應得定。」

隍曰：「我正入定時，不

作了一首證道歌，廣傳於世間，寂滅後追封爲無相大師。當時人們也肯定他眞的悟道了。

禪僧智隍，起初參禮的是五祖弘忍，自稱已得到佛法正傳。於是長居寺庵打坐，已有二十年。六祖的弟子玄策，出外遊方到了河北的河朔，聽到智隍的名聲，便到寺庵去拜訪他。玄策問他：「你在這裡修什麼？」

智隍說：「修入定。」

玄策說：「你說入定，是有心識而入定呢？還是沒有心識而入定？如果你是沒有心識而入定的話，那麼任何草木瓦石，都應當也是入定。如果你是有心識而入定，那麼任何有情有識的衆生，也都應該修得入定。」

智隍說：「當我正在入定的時候，我看不見

見有有無之心。」

策曰：「不見有有無之心，即是常定。何有出入？若有出入，即非大定。」

隍無對。良久，問曰：「師嗣誰耶？」

策云：「我師曹溪六祖。」

隍云：「六祖以何禪定？」

策云：「我師所說，妙湛圓寂，體用如如，五陰本空，六塵非有，不出不入，不定不亂。禪性無住，離住禪寂。禪性無生，離生禪想。心如虛空，亦無虛空之量。」

什麼有無之心。」

玄策說：「看不見什麼有無之心，就是常定。那你又有什麼出入於定呢？如果有了出入定的話，那就不是眞正的定。」

智隍一時回答不上來。過了很久以後，再問玄策：「你的師父是誰？」

玄策說：「我師父是曹溪的六祖大師。」

智隍問道：「六祖大師認爲什麼是禪定？」

玄策說：「我師父所講的禪定，是微妙而清徹，圓滿而寂靜，本體與作用如一，色、受、想、行、識五陰本來空無一物。色、聲、香、味、觸、法六塵本來就不存在，既不出定，也不入定，既不散亂也不定於一。禪的本性無所住留，所以要遠離禪的寂滅。禪的本性無所謂生，隍聞是說，徑來謁師。

師問云：「仁者何來？」隍具述前緣。

師云：「誠如所言，汝但心如虛空，不著空見，應用無礙，動靜無心，凡聖情忘，能所具泯，性相如如，無不定時也。」

隍於是大悟。二十年所得心，都無影響。其夜河北士庶聞空中有聲云：隍禪師今日得道。隍後禮辭，復歸河北，開

所以要不生起禪境的心念。人心就如虛空一樣，但不能有虛空體量大小的意念。」

智隍聽玄策的解說後，就直接來謁見六祖。

六祖問道：「你從那裡來啊？」智隍就把遇到玄策的事講了一遍。

六祖說：「正像你所講的，你只要心如虛空一樣，而又不執著於空的執見，接事應物通達無礙，動與靜全不著意存心，凡人、聖賢的分別心都除卻，心識與外境都消滅，內外一體如如不動，這樣就無時無刻不處在禪定中。」

智隍聽後大徹大悟。二十年的修行所得，消逝得無蹤無影。那天夜裡河北地方的官員百姓聽到空中有聲音說：「智隍禪師今日已成就佛道。」

智隍後來拜別了六祖，又回到河北，教化僧俗大

化四衆。

一僧問師云：「黄梅意旨，甚麼人得？」

師云：「會佛法人得。」

僧云：「和尚還得否？」

師云：「我不會佛法。」

師一日欲濯所授之衣，而無美泉，因至寺後五里許。見山林鬱茂，瑞氣盤旋。師振錫卓地，泉應手而出，積以爲池，乃膝跪浣衣石上。忽有一僧來禮拜，云方辯，是西蜀人。昨於南天竺國，見達摩大師，囑方辯：「速往唐土。吾

眾。

一位僧人問六祖說：「黃梅五祖的佛法，誰得到了？」

六祖說：「能領悟他的佛法的人得到了。」

僧人又問：「和尚你得到了沒？」

六祖說：「我不懂佛法。」

一天六祖想洗滌五祖所傳的法衣，可是四處都沒有乾淨的泉水，因此便來到離寺五里的地方。見這裡山林茂密，瑞氣盤旋於上空。六祖舉起錫杖朝地下一戳，泉水便隨手噴湧而出，不久便形成一處水池，於是六祖以膝蓋跪在地上，就在石頭上洗法衣。這時，突然來了一位僧人禮拜六祖，自稱是方辯，西蜀人氏。他先前在南印度見到了達摩大師，達摩大師囑咐他趕快來中國，

傳大迦葉正法眼藏，及僧伽梨，見傳六代，於韶州曹溪，汝去瞻禮。」方辯遠來，願見我師傳來衣鉢。

師乃出示，次問：「上人攻何事業？」

曰：「善塑。」

師正色曰：「汝試塑看。」辯罔措。過數日，塑就眞相，可高七寸，曲盡其妙。

師笑曰：「汝只解塑性，不解佛性。」

師舒手摩方辯頂，曰：

並告訴他：「我所傳來自大迦葉的印心妙法及法衣，現在在中土已傳到第六代，就在韶州曹溪，你去瞻仰禮拜。」方辯遠道而來，希望能見到達摩師父所傳的衣鉢。

六祖於是拿給他看。又問方辯：「上人研習什麼事業？」

方辯回答說：「善於雕塑。」

六祖神色莊重地對他說：「你試著塑一個給我看。」方辯一時不知如何是好。過了幾天，方辯塑成了一個六祖的眞像，高約七寸，塑造得十分微妙微肖。

六祖笑著對他說：「你只認識到塑性，而不了解佛性。」

六祖伸手撫摸方辯頭頂，說：「願你永遠保

「永爲人天福田。」

師仍以衣酬之。辯取衣分爲三：一披塑像，一自留，一用椶裹瘞地中。

誓曰：「後得此衣，乃吾出世，住持於此，重建殿宇。」

有僧舉臥輪禪師偈云：

臥輪有伎倆，

能斷百思想。

對境心不起，

菩提日日長。

師聞之，曰：「此偈未明

有人、天道的福報。」

六祖便將五祖傳授的法衣送給方辯，以示謝意。方辯把這件法衣分爲三份：一份披在六祖的塑像上，一份自己留用珍藏，一份用棕葉包好埋在地裡。

然後發誓說：「以後有得到這件法衣的人，那就是我再生於世，我將在此地主持弘法，重建佛殿。」

有位僧人舉臥輪禪師的一首偈：

臥輪有修行的方法，

能斷除心中的各種念頭。

面對外境不生心念，

菩提覺性日日增長。

六祖聽到這首偈後，說：「這首偈還未眞正

心地，若依而行之，是加繫縛。」因示一偈曰：

惠能沒伎倆，
不斷百思想。
對境心數起，
菩提作麼長？

明白自己的心性，如果依據這首偈來修行，反而是加上了一層束縛。」因此開示了一首偈：

惠能沒有什麼修行妙法，
不去斷除各種心念。
面對外境自然生起各種心念，
有什麼菩提覺性可以增長？

解說

機緣品的機緣二字，即隨機教化。本品雖然分別提出惠能引用諸部大乘經典，說明自己的理念，但整體而言，惠能所說不外自性及空義，兩者也是《壇經》思想的主軸。

對無盡藏講《涅槃經》這一段，未論及其思想內容，只提到「諸佛妙理，非關文字。」禪宗後來雖講「不立文字」，但卻是中國佛教宗派中，留下最多文字的宗派。所以這「非關文字」或「不立文字」絕非不使用文字或語言，而是認爲文字不能完全傳達佛法義理，佛法義理更不能侷限在文字中。惠能所要傳達的理念，正是這「以心傳心」的頓悟法門，非文字所能。

法海問「即心即佛」的道理；智通問「三身四智」的意義；智常問「如何是某甲本心本性？」這幾個問題都不外自性開發的法門及對空義的體悟。惠能特別強調「世人外迷著相，內迷著空。若能於相離相，於空離空，即是內外不迷。」世人求法，離外境之相容易，要離空相才是重點。

其次，志道問法，惠能要他糾正「色身外別有法身，離生滅求於寂滅」的錯誤觀念。爲什麼常人以爲修行就是這樣，惠能偏持不同的看法？在空義之下，沒有色身與法身的差別，沒有生滅、涅槃的差別，因爲這些都是空，空本身也是空，色身與法身只是假名不同。《維摩詰經》所講的「入不二法門」，正是在糾正修行人對一切事物、現象所存在的差別相與分別心，唯有從自心中泯除對一切事物的差別相，才能入於實相——空相。

惠能的得意弟子青原行思講「聖諦尙不爲，何階級之有？」南嶽懷讓講「說似一物即不中。」永嘉玄覺講「體即無生，了本無速。」「無生豈有意耶？」這幾句話都是能切實掌握空義的表現，也正是惠能對智隍所說：「不著空見，應用無礙，動靜無心，凡聖情忘，能所具泯，性相如如。」進入空的實相中。

文末惠能再舉臥輪禪師所說：「臥輪有技倆，能斷百思想。對境心不起，菩提日日長。」認爲這樣的修行是不夠的，因爲心中還存有佛法（菩提）的執見，反而要受到佛法的繫縛，終不得解脫。空義的最高眞理，便是空空，佛法亦是假名而已，也是空，這才是眞解脫。

八、頓漸品

原文

時祖師居曹溪寶林，神秀大師在荊南玉泉寺。於時兩宗盛化，人皆稱南能北秀，故有南北二宗頓漸之分，而學者莫知宗趣。師謂眾曰：「法本一宗，人有南北。法即一種，見有遲疾。何名頓漸？法無頓漸，人有利鈍，故名頓漸。」

然秀之徒眾，往往譏南宗

譯文

那時六祖在曹溪寶林寺住持，神秀大師在荊南玉泉寺住持。當時兩大宗派都十分興盛，人們都稱他們爲南能北秀，因而形成南、北二宗頓悟、漸悟的區別，使學道修行的人對此不解。六祖對大家說：「佛法原本一家，只是人有南北之分。佛法只有一種，只是見悟有快慢。爲什麼稱作頓漸呢？佛法本來並無頓漸之別，人卻有聰明愚鈍，所以就有了頓悟與漸悟的不同。」

可是神秀的弟子們，往往譏諷南宗的六祖連

祖師：不識一字，有何所長？秀曰：「他得無師之智，深悟上乘，吾不如也。且吾師五祖，親傳衣法。豈徒然哉？吾恨不能遠去親近，虛受國恩。汝等諸人毋滯於此，可往曹溪參決。」

一日，命門人志誠曰：「汝聰明多智，可為吾到曹溪聽法。若有所聞，盡心記取，還為吾說。」志誠稟命至曹溪。隨眾參請，不言來處。

時祖師告眾曰：「今有盜法之人，潛在此會。」志誠即

字都不識一個，會有什麼能力呢？神秀說：「六祖具有無師自通的智慧，深切地見悟了佛法的至高境界，我是不如他的。而且我的師父五祖弘忍大師，親自傳授他衣缽，難道是隨便的嗎？我恨不能親自遠去親近他，在這裡白受國家的恩寵，封為國師。你們不要滯留在這裡，可以到曹溪六祖那裡參禮，以解心中疑惑。」

一天，神秀吩咐門人志誠說：「你聰明又機智，可以替我到曹溪聽惠能講法。如果聽到什麼，必須牢記於心，再回來講給我聽。」志誠稟承神秀吩咐來到曹溪。他隨大家一齊參禮請益，卻不說自己從何而來。

當時六祖告訴大家說：「現在有一個偷法的人，隱藏在大眾裡。」志誠一聽到，立即出列禮

出禮拜。具陳其事。

師曰：「汝從玉泉來，應是細作。」

對曰：「不是。」

師曰：「何得不是？」

對曰：「未說即是，說了不是。」

師曰：「汝師若爲示眾？」

對曰：「常指誨大眾，住心觀淨，長坐不臥。」

師曰：「住心觀淨，是病非禪。常坐拘身，於理何益？聽吾偈曰：

拜六祖。並將自己受命之事，一一坦白出來。

六祖說：「你既是從神秀大師住持的玉泉寺來，應該是奸細。」

志誠回答說：「我不是奸細。」

六祖說：「爲什麼不是呢？」

志誠回答說：「我沒有坦白的時候就是，已經坦白了就不是。」

六祖說：「你師父給大家講些什麼？」

志誠回答說：「師父經常教導我們要專注心念於觀照清淨的境界，多打坐不要躺臥。」

六祖說：「專念於觀照清淨之境界，這是錯誤的觀點，並非眞正的禪修。長時間地打坐，會損傷身體，這對修習佛理有什麼好處？聽我的一首偈：

生來坐不臥，
死去臥不坐。
一具臭骨頭，
何爲立功課？」
志誠再拜曰：「弟子在秀大師處學道九年，不得契悟。今聞和尚一說，便契本心。弟子生死事大，和尚大慈，更爲教示。」
師曰：「吾聞汝師教示學人戒定慧法，未審汝師說戒定慧行相如何？與吾說看。」
誠曰：「秀大師說，諸惡莫作名爲戒，諸善奉行名爲

生來常坐不臥，
死後常臥不坐。
這不過是一身臭骨頭，
如何用來修習佛道？」
志誠再次向六祖叩拜說：「弟子在神秀大師那裡學習佛道九年，無法契入見悟佛理。今天聽到和尚這麼一說，便能契入本心。弟子知道生死才是大事，希望和尚慈悲，再爲解說開示。」
六祖說：「我聽說你師父教大家戒定慧法，不知道你師父所說的修戒定慧是什麼樣子？你給我說說看。」
志誠回答說：「神秀大師說，任何惡事都不要做，這叫作戒；任何善事都要努力去做，這叫

慧，自淨其意名爲定。彼說如此，未審和尚以何法誨人？」

師曰：「吾若言有法與人，即爲誑汝。但且隨方解縛，假名三昧。如汝師所說戒定慧，實不可思議也。吾所見戒定慧又別。」

志誠曰：「戒定慧只合一種，如何更別？」

師曰：「汝師戒定慧接大乘人，吾戒定慧接最上乘人。悟解不同，見有遲疾。汝聽吾說，與彼同否？吾所說法，不

作慧；保持自己的心念清淨，這叫作定。這是神秀所講的戒定慧，不知和尚是用什麼方法來教人修行的？」

六祖說：「我如果說有什麼方法來教別人，這是欺騙你。只不過是隨著各人的差異，幫他們解脫束縛而已。這種方法沒什麼名稱，不妨借用一個三昧的假名。像你師父所講的戒定慧，實在太好了！但我所認識的戒定慧又有差別。」

志誠說：「戒定慧應該只有一種，怎麼還有差別呢？」

六祖說：「你師父所講的戒定慧是用來接引那些具有大乘智慧的人，我講的戒定慧是用來接引那些具有超常智慧的人。由於悟解能力的不同，見悟就有快有慢。你聽我講，是否和神秀大

離自性，離體說法，名爲相說，自性常迷。須知一切萬法，皆從自性起用。是眞戒定慧法。聽吾偈曰：

心地無非自性戒，
心地無癡自性慧，
心地無亂自性定。
不增不減自金剛，
身去身來本三昧。」

誠聞偈，悔謝。乃呈一偈曰：

五蘊幻身，
幻何究竟？

師所講的一樣？我講的佛法，離不開人的自性。如果離開自性的本體來說法，這叫作外相之說，使人的自性常在迷惑中。應該知道萬象萬物，都是從自性中生起、作用，這才是眞正的戒定慧法。聽我的一首偈：

心中不存是非執見就是自性戒，
心中沒有癡迷就是自性慧，
心中清淨不亂就是自性定。
自性本來不增不減，這就是金剛不壞，
身去身來一切自然，這就是禪定。」

志誠聽了此偈後，認錯稱謝。於是呈上一首偈：

五蘊本來就是因緣聚合的虛幻身，
既是虛幻，有何究竟之處？

迴趣眞如，法還不淨。

師然之。復語誠曰：「汝師戒定慧，勸小根智人。吾戒定慧，勸大根智人。若悟自性，亦不立菩提涅槃，亦不立解脫知見。無一法可得，方能建立萬法。若解此意，亦名佛身，亦名菩提涅槃，亦名解脫知見。見性之人，立亦得，不立亦得。去來自由，無滯無礙。應用隨作，應語隨答，普見化身。不離自性，即得自在神通，遊戲三昧，是名見

回過頭來歸向眞如本性，佛法本來不在住心清淨中。

六祖表示肯定。又對志誠說：「你師父所講的戒定慧，那是勸化具平常智慧的人。我所講的戒定慧，是勸化具有超常智慧的人。如果能見悟自性，也就不必再修證菩提涅槃，也不必著意於追求解脫生死的知識與見解。不去追求外在的任何方法，才能建立各種方法。如果明白這個意思，就可以稱作佛身，也可以稱作菩提涅槃，也可以稱作解脫生死的認知與見解。見悟自性的人，有方法也可以有所成就，無方法也可以有所成就。來去自由，無阻無礙。隨機應變，靈活應用，應聲答意，不加思索，處處都是佛的化身。一切不離自性，就是自在神通，於三昧之中自在

性。」

志誠再啓師曰：「如何是不立義？」

師曰：「自性無非、無癡、無亂，念念般若觀照，常離法相，自由自在，縱橫盡得，有何可立？自性自悟，頓悟頓修，亦無漸次，所以不立一切法。諸法寂滅，有何次第？」

志誠禮拜，願爲執侍，朝夕不懈。

僧志徹，江西人，本姓張，名行昌，少任俠。自南北

無礙，這就是見悟自性。」

志誠再次禮拜請教六祖說：「什麼叫作不立？」

六祖說：「自己本性中無是非、無癡愚、不散亂，時時以般若智慧來觀照，遠離一切外相，自由自在，縱橫四方，隨心所願，有什麼法門可立？自己見悟到自性，一時之間亦悟亦修，也就沒有漸次的問題，所以什麼法門也不必立。萬象萬物都是寂滅相，還有什麼次序？」

志誠禮拜六祖，心甘情願地服侍六祖，日夜不懈怠。

僧人志徹，江西人，原來俗姓張，名叫行昌，少年時喜爲行俠仗義之事。自從禪宗有了南

分化，二宗主雖亡彼我，而徒侶競起愛憎。時北宗門人，自立秀師爲第六祖，而忌祖師傳衣爲天下聞，乃囑行昌來刺師。

師心通，預知其事。即置金十兩於座間。時夜暮，行昌入祖室，將欲加害，師舒頸就之。行昌揮刃者三，悉無所損。

師曰：「正劍不邪，邪劍不正。只負汝金，不負汝命。」行昌驚仆，久而方蘇。求哀悔過，即願出家。

北二宗的分別之後，兩位宗主雖然沒有分別的看法，但門徒們卻憎愛分明。當時北宗的門人，自行奉立神秀大師爲禪宗第六代祖師，但因忌諱六祖得到五祖眞傳衣鉢的事被天下人知道，便派行昌來行刺六祖。

六祖具有他心通，已預知這件事。於是將十兩黃金放在座位上。一天夜晚，行昌潛入六祖的內室，準備加害於他，六祖將脖子伸長給他。行昌揮刀連砍三次，都沒能對六祖有絲毫傷害。

六祖大師說：「正直的刀劍不會偏邪，偏邪的刀劍不會正直。我只欠你黃金，並不欠你生命。」行昌大驚昏厥於地，良久才甦醒過來。悔過哀求六祖原諒，並且表示願意立刻出家。

師遂與金，言：「汝且去，恐徒眾翻害於汝。汝可他日易形而來，吾當攝受。」行昌稟旨宵遁。後投僧出家，具戒精進。

一日，憶師之言，遠來禮覲。師曰：「吾久念汝，汝來何晚？」

曰：「昨蒙和尚捨罪，今雖出家苦行，終難報德，其惟傳法度生乎。弟子常覽涅槃經，未曉常、無常義。乞和尚慈悲，略爲解說。」

六祖就將黃金送給他，並對他說：「你暫時離開這裡，怕我的門徒們知道後，反過來又會傷害你。你改天變裝後再來，我可以收你爲徒。」行昌領受了六祖的意旨後，便連夜逃走了。後來行昌皈依佛門出家，成爲佛門弟子，嚴守戒律，精進不已。

一天，行昌想起六祖的話，就從很遠的地方來覲見六祖。六祖說：「我想念你很久了，你爲什麼這麼晚才來？」

行昌說：「過去承蒙和尚寬恕我的罪過，現在雖然出家勤苦修習，也難以回報你的大恩大德，唯一的辦法就是繼承佛法，救度眾生了。弟子常常閱讀《涅槃經》，卻不明白常和無常的含義。還望和尚慈悲，大略地爲我解說。」

師曰：「無常者，即佛性也。有常者，即一切善惡諸法分別心也。」

曰：「和尚所說，大違經文。」

師曰：「吾傳佛心印，安敢違於佛經？」

曰：「經說佛性是常，和尚卻言無常。善惡諸法乃至菩提心，皆是無常，和尚卻言是常。此即相違，今學人轉加疑惑。」

師曰：「涅槃經，吾昔聽尼無盡藏讀誦一遍，便爲講

六祖說：「無常就是佛性；有常就是指對一切善與惡產生分別的心。」

行昌說：「和尚所說的道理，與經中所講的大不相同。」

六祖說：「我是傳授以心印心的佛法，那裡敢違背佛經所講的道理呢？」

行昌說：「經中說佛性是常，和尚卻說佛性是無常。善惡的現象以至於成就佛道的菩提心，都是無常，和尚卻說是常。這就與經文相互違背了，讓我更加疑惑不解。」

六祖說：「《涅槃經》，我從前聽比丘尼無盡藏誦讀一遍以後，便爲她講解，沒有一字一義

說，無一字一義不合經文。乃至爲汝，終無二說。」

曰：「學人識量淺昧，願和尚委曲指示。」

師曰：「汝知否？佛性若常，更說什麼善惡諸法，乃至窮劫，無有一人發菩提心者。故吾說無常，正是佛說眞常之道也。又一切諸法若無常者，即物物皆有自性，容受生死，而眞常性有不遍之處。故吾說常者，是佛說眞無常義。佛比爲凡夫、外道執於邪常，諸二乘人於常計無常，共成八倒。

不符合經文本意。就是爲你講，也不會有第二種講法。」

行昌說：「我學識淺薄愚昧，希望和尚能詳細說明。」

六祖說：「你知道嗎？佛性如果是恆常不變的話，那還說什麼善惡各種現象，就是窮盡劫數，也沒有一個人會發下求覺悟佛道的心願。所以我說佛性是無常的，正是佛所講的眞正恆常不變的道理啊。另外，如果萬象萬物都是無常的話，那麼任何事物就都具有了自性，各自容受生死，眞常之性也就不適用於世間萬事萬物了。所以我所講的常，就是佛所講的眞正的無常。佛陀將凡夫、外道所執著的邪常，與那些二乘人在不變的眞理中執意追求無常，總共構成了八種顚倒故於涅槃了義教中，破彼偏見，而顯説眞常、眞樂、眞我、眞淨。汝今依言背義，以斷滅無常，及確定死常，而錯解佛之圓妙最後微言。縱覽千遍，有何所益？」

行昌忽然大悟。説偈曰：

因守無常心，
佛説有常性。
不知方便者，
猶春池拾礫。
我今不施功，
佛性而現前。

的觀點。所以佛在《涅槃經》的究竟教義中，爲破除他們的偏見，而闡揚眞正的常、樂、我、淨涅槃四德。你現在依據經文的表象言語，而違背佛經本義，以小乘追求斷滅無常，及死亡式的恆常，來錯誤地理解佛道眞正的最微妙、最圓滿和最高的不變妙理。即使你將《涅槃經》看了一千遍，又有什麼用處呢？」

行昌聽到這裡頓然大徹大悟，説了一首偈：

因爲執守世間無常的心念，
卻不知佛所説的眞常自性。
不了解這方便法門，
猶如在春水盪漾的池畔，只拾得破瓦礫。
我如今不必特意用功，
佛性自然現前。

非師相授與，

我亦無所得。

師曰：「汝今徹也，宜名志徹。」徹禮謝而退。

有一童子名神會，襄陽高氏子。年十三，自玉泉來參禮。

師曰：「知識遠來艱辛，還將得本來否？若有本則合識主。試說看。」

會曰：「以無住爲本，見即是主。」

師曰：「這沙彌爭合取次語。」

這不是師父的傳授，

我也毫無所得。

六祖說：「你今天是徹底明白了，你的名字應該叫志徹。」志徹禮拜感謝後退下。

有位少年名叫神會，是襄陽高氏的孩子。十三歲時，他從神秀的玉泉寺來到曹溪參禮六祖。

六祖說：「你從那麼遠的地方來一定很辛苦，你是否見到了你的本來面目呢？如果你能見悟本性，就該認識自己的主人。試著說說看。」

神會說：「我以無所住爲根本，這樣的見解便是主人。」

六祖說：「你這沙彌只學了一些別人說過的話。」

會乃問曰：「和尚坐禪，還見不見？」

師以拄杖打三下，云：「吾打汝是痛不痛？」

對曰：「亦痛亦不痛。」

師曰：「吾亦見亦不見。」

神會問：「如何是亦見亦不見？」

師云：「吾之所見，常見自心過愆，不見他人是非好惡，是以亦見亦不見。汝言亦痛亦不痛如何？汝若不痛，同其木石。若痛，則同凡夫，即起恚恨。汝向前見不見是二

神會就問六祖道：「和尙坐禪時，內心是有見還是無見？」

六祖便用柱杖打了神會三下，說：「我打你時，你痛是不痛？」

神會回答說：「也痛也不痛。」

六祖說：「我也是有見也不見。」

神會問道：「什麼是也見也不見？」

六祖說：「我所謂的見，是常見自己心中的過失，而不見他人的是非好惡，這就是也見也不見。你說也痛也不痛是怎麼樣？如果你不痛，那就和木塊石頭一般。如果你痛，那又和凡夫俗子一樣，會生出瞋恨。你前面所說的見與不見是錯誤的兩種邊見，痛與不痛是存有生滅的看法。你

邊，痛不痛是生滅。汝自性且不見，敢爾弄人。」神會禮拜悔謝。

師又曰：「汝若心迷不見，問善知識覓路。汝若心悟，即自見性，依法修行。汝自迷不見自心，卻來問吾見與不見。吾見自知，豈代汝迷？汝若自見，亦不代吾迷。何不自知自見，乃問吾見與不見？」神會再禮百餘拜，求謝過愆。服勤給侍，不離左右。

一日，師告眾曰：「吾有一物，無頭無尾，無名無字，

自己的本性尚且沒有見到，居然敢來捉弄人。」神會於是向六祖禮拜表示悔過感謝。

六祖又說：「你如果心地迷惑，不能見悟自性，應該請教良師尋找道路。你如果能見悟自性，就可以依照所悟佛法來修行。你自己迷失方向未見悟本心，卻反過來問我見不見悟。我是否見悟，自己明白，難道能代替你的迷惑嗎？你如果自己能見悟，也不能代替我的迷惑。爲什麼不自己認知、自己見悟，卻來問我見不見悟？」神會又向六祖禮拜百餘次，請求六祖原諒他的過失。從此神會隨侍六祖左右，殷勤不怠。

一天，六祖告訴大家說：「我有件東西，既無頭也無尾，既無名也無字，無前無後，諸位能

無背無面，諸人還識否？」

神會出曰：「是諸佛之本源，神會之佛性。」

師曰：「向汝道無名無字，汝便喚作本源、佛性。汝向去有把茆蓋頭，也只成個知解宗徒。」

祖師滅後，會入京洛，大弘曹溪頓教。著顯宗記，盛行於世，是爲荷澤禪師。

師見諸宗難問，咸起惡心，多集座下，愍而謂曰：「學道之人，一切善念惡念，應當盡除。無名可名，名於自

認得這是什麼嗎？」

神會從衆人中走出來說：「這是諸佛的本源，也是神會的佛性。」

六祖說：「跟你說了既無名也無字，你卻要叫它作本源、佛性。你將來縱然有個帽子戴（有成就），也只能成爲一個有知見、能理解佛學的禪宗弟子。」

六祖寂滅後，神會到了京城洛陽，大加弘揚曹溪的頓教法門。他所著的《顯宗記》，曾盛行於世，被稱作荷澤禪師。

六祖看到許多其它宗派的人發難詰問，都懷有不良之心，於是就將他們召集於座前，以憐憫的心對他們講：「學習佛道的人，應該把一切的善惡念頭都消除乾淨。沒有名相可稱謂，這就叫

性。無二之性，是名實性。於實性上建立一切教門，言下便須自見。」諸人聞說，總皆作禮，請事爲師。

作自己的本性。本性人人皆同，這就叫作眞實的本性。要在實性上建立一切法門，我講的當下，便要自己見悟。」大家聽了六祖的話後，一齊向六祖行禮，請求拜在六祖門下。

解說

頓漸之爭並非始於五祖弘忍傳法六祖惠能之時，早在東晉竺道生之時即依據佛性的觀點，主張頓悟，當時的慧觀則相對主張漸悟。只是在弘忍傳法後，由於南北兩宗互爭六祖正統，雙方所傳禪法又各有所重，才又激起頓漸法門之爭。

對頓漸法門之爭，惠能的基本看法是「法本一宗，人有南北。法即一種，見有遲疾。何名頓漸？法無頓漸，人有利鈍，故名頓漸。」本品藉著惠能與弟子志誠、志徹、神會的問難，釐清當時南北二宗對禪法的不同看法，這三位門人，早期都曾在神秀門下參學，與她們談論，最是恰當。

惠能對神秀的禪法，批評最嚴厲的，便是「住心觀淨，是病非禪。」一味停心、追求清淨，只是在修一具臭皮囊，於心性有何長進？其次便是對戒定慧三字的看法。依據志誠所說，與惠能所說，可作一個對比：

神秀的說法	惠能的說法
諸惡莫作名爲戒	心地無非自性戒

眾善奉行名爲慧　　心地無癡自性慧
自淨其意名爲定　　心地無亂自性定

神秀走的路數，就是〈行由品〉中所說「時時勤佛拭」，由外而內的克己功夫。這條路一直走下去，也必然要走向漸修的道路。惠能走的路數，則是「本來無一物」，由內向外的功夫，自性中沒有這些癡亂，只要開發自性，外境的一切邪妄、不淨自然不會干擾己身。這整體的開發，有其不可分割性，全都來自自性心源，覺悟也必是全面的，所以也必然要走向頓悟的道路。但惠能最後還是強調「諸法寂滅，有何次第？」根本不要去做漸頓的爭執。

本品的另一個特殊看法，即是常與無常。惠能指出：「無常者，即佛性也。有常者，即一切善惡諸法分別心也。」這又與吾人所認知的「諸法無常」相反。諸法無常，也就是一切善惡現象、分別心等都是無常。惠能卻反說這是常，爲什麼？惠能解釋佛性若是常，就不會生起這一切善惡現象，正因爲佛性（自性）是無常，我們才要修行。一切善惡若是無常，就應該有自性，也就是能自主造作，自有生死，非由人的自性生成。萬法無常也就是否定「心生萬法」，否定善惡皆由人造作。惠能在解釋常與無常時，目的即在強調人的自主性，也就是自性的功用。自性能生善、惡萬法，所以萬法是常，自性是無常，只是萬法生成的主導者是自性。這正是惠能禪法的精義所在，一切都歸於自性主導。

九、護法品

原文

神龍元年上元日，則天中宗詔云：「朕請安、秀二師，宮中供養。萬幾之暇，每究一乘。二師推讓云：『南方有能禪師，密授忍大師衣法，傳佛心印，可請彼問。』今遣內侍薛簡，馳詔迎請。願師慈念，速赴上京。」

師上表辭疾，願終林麓。

譯文

唐朝神龍元年正月十五日，武則天和唐中宗頒下詔書：「朕已迎請慧安大師和神秀大師來宮中供養。於日理萬機之餘，每日鑽研佛法。二位大師推讓說：『南方有一位惠能禪師，受弘忍大師密傳衣缽，傳授以心印心的佛法，可以向他請教。』現在派宮中內侍薛簡，帶著詔書來迎請大師。希望大師慈悲爲懷，速來京城。」

六祖向武則天和唐中宗上表，托病推辭，表

薛簡曰：「京城禪德皆云，欲得會道，必須坐禪習定。若不因禪定而得解脫者，未之有也。未審師所說法如何？」

師曰：「道由心悟，豈在坐也？經云，若言如來若坐若臥，是行邪道。何故？無所從來，亦無所去，無生無滅，是如來清淨禪。諸法空寂，是如來清淨坐。究竟無證，豈況坐耶？」

簡曰：「弟子回宮，主上必問。願師慈悲，指示心要，傳奏兩宮，及京城學道者。譬

示願意終老於山林之中。薛簡說：「京城的禪師大德都說，要想會悟佛道，必須坐禪習定。假如想不經禪定而得到解脫的話，那是不可能的。不知大師所講的法門又是怎樣呢？」

六祖說：「佛道是從自己心中證悟的，豈能靠打坐得來？《金剛經》說，如果說如來的意思是或坐、或臥，那是錯誤的邪見。什麼原因呢？既無來處也無去處，既無生也無死，這正是如來的清淨禪所在。一切現象本來空無寂滅，這正是如來的清淨坐。如來的究竟法身也無可印證，何況禪坐？」

薛簡說：「弟子回到宮中後，皇上一定要問起佛法，希望大師大發慈悲，指示傳心要訣，我回去好傳奏兩宮，以及京城學習佛道的人。就像

如一燈燃百千燈，冥者皆明，明明無盡。」

師云：「道無明暗，明暗是代謝之義。明明無盡，亦是有盡。相待立名。故淨名經云，法無有比，無相待故。」

簡曰：「明喻智慧，暗喻煩惱。修道之人，倘不以智慧照破煩惱，無始生死，憑何出離？」

師曰：「煩惱即是菩提，無二無別。若以智慧照破煩惱者，此是二乘見解。羊鹿等

一燈之光可以點燃千百盞燈一樣，使黑暗都顯光明，使光明無有窮盡。」

六祖說：「佛道沒有明暗，明暗具有代替的含義。『明明無盡』也是有窮盡的時候。這都是因相對才成立的，即有明就有暗，有暗就有明。所以《淨名經》說，佛法是沒有什麼可以比較的，因爲根本不存在相對。」

薛簡說：「明表示智慧，暗表示煩惱。修習佛道的人，如果不用智慧來破除煩惱，這無窮盡的生死煩惱，要靠什麼來解脫呢？」

六祖說：「煩惱就是覺悟的菩提道，兩者並無差別。如果用智慧來破除煩惱，那是聲聞、緣覺二乘的觀點，是《法華經》所講羊車、鹿車一

機，上智大根，悉不如是。」

簡曰：「如何是大乘見解？」

師曰：「明與無明，凡夫見二，智者了達，其性無二。無二之性，即是實性。實性者，處凡愚而不減，在賢聖而不增，住煩惱而不亂，居禪定而不寂。不斷不常，不來不去，不在中間，及其內外。不生不滅，性相如如，常住不遷，名之曰道。」

簡曰：「師說不生不滅，

類的見解。具有超常智慧的人，都不是這樣修行的。」

薛簡說：「什麼是大乘的看法？」

六祖說：「明與無明，凡夫認為兩者不同，有智慧的人則明白其本性並沒有差別。沒有差別的本性，就是眞實的本性。眞實的本性，在凡夫愚昧的境地不會減少，在賢人聖者的境地也不會有所增加，在煩惱境中不會散亂，在靜慮禪定境中也不會寂滅。既不斷滅也不是常住不變，既無所謂來也所謂去，不在中間，也不在內外。本性不生不滅，自性之相如如不動，常存而無所變遷，這便是佛道。」

薛簡說：「大師說的不生不滅，與外道所講

何異外道？」

師曰：「外道所說不生不滅者，將滅止生，以生顯滅，滅猶不滅，生說不生。我說不生不滅者，本自無生，今亦不滅，所以不同外道。汝若欲知心要，但一切善惡都莫思量，自然得入清淨心體。湛然常寂，妙用恒沙。」

簡蒙指教，豁然大悟。禮辭歸闕，表奏師語。其年九月三日，有詔獎諭師曰：「師辭老疾，爲朕修道，國之福田。師若淨名，托疾毘耶，闡揚大

的有什麼不同？」

六祖說：「外道所說的不生不滅，是以斷滅阻止生，以生來顯示滅，所以他們的滅不是眞滅，有生卻說不生。我所講的不生不滅，是指本來就無所謂生，現在也就無所謂滅，所以與外道有所不同。你如果想要知道佛法的心要，只要對任何善惡之事都不要去思量，自然就會進入清淨心的本體。這本體清徹而寂靜，妙用無窮。」

薛簡經六祖的指導，豁然大悟。向六祖禮拜告辭後返回京城，向皇帝報告了六祖的話。這年九月三日，朝中頒詔獎諭六祖說：「大師以年老有病辭謝召請，爲朕修習佛道，這是國家的福田功德。大師就像《淨名經》裡的維摩居士那樣，

乘，傳諸佛心，談不二法。薛簡傳師指授如來知見，朕積善餘慶，宿種善根，值師出世，頓悟上乘。感荷師恩，頂戴無已。並奉磨衲袈裟及水晶鉢，敕韶州刺史，修飾寺宇，賜師舊居爲國恩寺焉。」

托病在毗耶城，闡揚大乘佛法，傳授諸佛心法，宣講不二的殊勝法門。薛簡給我們帶來了大師所指示傳授的如來眞理，這是朕多年行善積德才會有這樣的餘慶，也是我前生種有菩提善根，才會遇到大師出世，讓我們能領悟到至高的佛法。我們感激大師的恩惠，誠敬之心，表達不盡。奉上磨衲袈裟和水晶鉢，並敕命韶州刺史修整裝飾大師所在的佛寺，賜大師舊居改建一所寺院，命名爲國恩寺。」

解說

本品藉內侍薛簡奉召迎請惠能入京，展開當時北方與南方禪法不同的對話。薛簡說明「欲得會道，必須坐禪習定。若不因禪定而得解脫者，未之有也。」這種流行於北方的禪定解脫法門，也就是達摩以來所傳的清淨禪法。

惠能則反對，認爲這不是唯一的法門，因爲「道由心悟，豈在坐也？……無生無滅，是如來清淨禪。諸法空寂，是如來清淨坐。究竟無證，豈況坐耶？」佛道必須由心證悟，禪坐充其量不過是得清淨的方法而已。眞正的清淨是無生無滅、諸法空寂，佛道的究竟，也無物可證，這正是實相——空的眞義。

學佛的最大障礙，就是存有差別相，如明與暗、煩惱與菩提，從本質上看，這一切都是空，在空的眞義之下，都是沒有差別的。如果要以滅來斷絕生，這便是心存差別相，要了解「本自無生，今亦不滅。」這才是諸法實相。

十、咐囑品

原文

師一日喚門人法海、志誠、法達、神會、智常、智通、志徹、志道、法珍、法如等，曰：「汝等不同餘人，吾滅度後，各爲一方師。吾今教汝，說法不失本宗。

先須學三科法門，動用三十六對，出沒即離兩邊。說一切法，莫離自性。忽有人問汝

譯文

六祖有一天召集門人法海、志誠、法達、神會、智常、智通、志徹、志道、法珍、法如等人，對他們說：「你們和一般的弟子不同，我滅度之後，你們各個都是一方的導師。我現在要教你們，未來宣講佛法時才不會遠離本門宗旨。

首先要學好三科法門，使用三十六種相對的方法，能如此，出入之間便可遠離執於兩邊的偏見。講任何佛法，都不要離開人的自性。如果有

法，出語盡雙，皆取對法，來去相因，究竟二法盡除，更無去處。

三科法門者，陰、界、入也。陰是五陰，色受想行識是也。入是十二入，外六塵：色聲香味觸法；內六門：眼耳鼻舌身意是也。界是十八界，六塵、六門、六識是也。自性能含萬法，名含藏識。若起思量，即是轉識。生六識，出六門，見六塵。如是一十八界，皆從自性起用。

自性若邪，起十八邪。自

人向你詢問佛法，你講的話都要兼顧兩邊，使用相對法則，來和去都是相對待才成立，最後差別相盡除，也就再也沒有去處了。

所謂三科法門，指的是陰、界、入。陰是五陰：就是色、受、想、行、識。入是指十二入，包含外六塵——色、聲、香、味、觸、法及內六門——眼、耳、鼻、舌、身、意。界是指十八界，即六塵、六門、六識合起來便是十八界。自己的本性中含藏著萬象萬物，這叫作含藏識。如果心中有所思量，便形成轉識。產生眼識、耳識、鼻識、舌識、身識和意識這六識，從六門中走出外境，而認識到六塵。這十八界都是從自性中生起的。

自性如果起邪念，就會生起十八種邪見。自

性若正，起十八正。若惡用即眾生用，善用即佛用。用由何等？由自性有。

對法：

外境無情五對：天與地對，日與月對，明與暗對，陰與陽對，水與火對，此是五對也。

法相語言十二對：語與法對，有與無對，有色與無色對，有相與無相對，有漏與無漏對，色與空對，動與靜對，清與濁對，凡與聖對，僧與俗對，老與少對，大與小對，此

性若起正念，就會生起十八種正見。如果錯用，便是眾生的作用；如果正用，便是佛的作用。這作用是由什麼決定的呢？這是由自性所決定。

相對的現象有三類：

外在無情的境界有五種相對：天與地相對，日與月相對，明與暗相對，陰與陽相對，水與火相對，這就是外境無情五種相對的現象。

現象的外相與概念表達有十二種相對：語言與現象相對，有與無相對，有色與無色相對，有相與無相相對，有漏與無漏相對，色與空相對，動與靜相對，清與濁相對，凡與聖相對，僧與俗相對，老與少相對，大與小相對，這就是十二種相對。

是十二對也。

自性起用十九對：長與短對，邪與正對，癡與慧對，愚與智對，實與虛對，險與平對，煩惱與菩提對，常與無常對，悲與害對，喜與瞋對，捨與慳對，進與退對，生與滅對，法身與色身對，化身與報身對，此是十九對也。

師言：「此三十六對法，若解用，即道貫一切經法，出入即離兩邊。

自性動用，共人言語，外於相離相，內於空離空。若全

由自性生起的作用有十九種相對：長與短相對，邪與正相對，癡與慧相對，愚與智相對，實與虛相對，險與平相對，煩惱與菩提相對，常與無常相對，慈悲與毒害相對，喜與瞋相對，捨與慳相對，進與退相對，生與滅相對，法身與色身相對，化身與報身相對，以上就是十九種相對。」

六祖接著說：「這三十六種相對的法則，如果懂得運用，就可以運用這個道理貫穿一切的佛經與佛法，出入其中便可脫離偏見。

當自性生起作用，與他人交談時，於外在的現象中，要遠離外相；於內在的空念中，要遠離

著相，即長邪見；若全執空，即長無明。執空之人有謗經，直言不用文字。既云不用文字，人亦不合語言。只此語言，便是文字之相。又云直道不立文字，即此不立兩字，亦是文字。見人所說，便即謗他，言著文字。汝等須知，自迷猶可，又謗佛經。不要謗經，罪障無數！

若著相於外，而作法求眞，或廣立道場，說有無之過患，如是之人，累劫不可見性。但聽依法修行，又莫百物

空。如果全都執著於事物的相狀，便會增長邪見；如果全都執著於空，便會增長愚癡。執著於空的人會誹謗佛經，直接就說宣揚佛法不需要文字。既然不需要文字，那麼人也就用不著使用語言。只說這『語言』二字，便是文字的相狀。又說什麼直接成就佛道不用立什麼文字，就是這『不立』二字，也就是文字。看到別人宣說佛法，就要誹謗他，說他執著於文字。你們應當明白，自己迷惑猶可救藥，卻又來誹謗佛經。千萬不要誹謗佛經，那是天大的罪過呀！

如果執著於事物的外相，來修習佛道，追求眞理，或到處設立道場，談些執著有和無的過錯，像這樣的人，再長的時間也見不到自性。只要是聽到佛法，就要依佛法來修行，而且不要追

不思，而於道性窒礙。若聽說不修，令人反生邪念。但依法修行，無住相法施。汝等若悟，依此說，依此用，依此行，依此作，即不失本宗。

若有人問汝義，問有將無對，問無將有對，問凡以聖對，問聖以凡對。二道相因，生中道義。如一問一對，餘問一依此作，即不失理也。設有人問：『何名為闇？』答云：『明是因，闇是緣，明沒則

求斷絕心念，百物不思，因為這樣做，反而阻礙了佛性的開發。如果只是聽聽佛法，而不去修行實踐，這反而會讓人產生更多的邪念。因此必須依據佛法來修行，而不要執著於事物的外相來說法。你們如果能明白這個道理，並且根據這個道理來傳授、運用、修習、實踐佛法，就不會違反本門宗旨。

如果有人問你佛法義理時，他問有，你便用無來對答；問無，你便用有來對答；問凡，你便用聖來對答；問聖，你便用凡來對答。了解相對的事物互為因果，中道的義理自然就會產生。如同前面的一問一答，其它問題都依此類推，就不失佛理了。假設有人問道：『什麼叫暗？』回答說：『明是本因，暗是緣起。明消失了就是暗。』

闇。』以明顯闇，以闇顯明，來去相因，成中道義。餘問悉皆如此。汝等於後傳法，依此轉相教授，勿失宗旨。」

師於太極元年壬子，延和七月，命門人往新州國恩寺建塔，仍令促工，次年夏末落成。七月一日，集徒眾曰：「吾至八月，欲離世間。汝等有疑，早須相問，爲汝破疑，令汝迷盡。吾若去後，無人教汝。」法海等聞，悉皆涕泣。惟有神會神情不動，亦無涕

以光明來顯示黑暗，以黑暗來顯示光明，這樣來去之間相因相成，便是中道的義理。其它的問題也全都可以用這種方法來處理。你們以後傳授佛法時，將這個原則相傳，教育後學者，不要失去本門宗旨。」

六祖在唐睿宗太極元年，延和（同年，即壬子年）七月之際，吩咐門人往新州的國恩寺建塔，並且督促及早完工，第二年夏末時塔即落成。七月一日，六祖召集門人說：「我到八月便要離開人世。你們諸位還有什麼疑問，應該儘早提問，我爲你們破除疑難，使你們不再有什麼疑惑。我如果離開之後，就沒有人再教你們了。」法海等人聽到六祖這番話後，都悲傷涕泣。只有神會神色不變，也不悲傷哭泣。

泣。

師云：「神會小師，卻得善不善等，毀譽不動，哀樂不生，餘者不得。數年山中，竟修何道？汝今悲泣，爲憂阿誰？若憂吾不知去處，吾自知去處。若吾不知去處，終不預報於汝。汝等悲泣，蓋爲不知吾去處。若知吾去處，即不合悲泣。法性本無生滅去來。汝等盡坐，吾與汝說一偈，名曰：眞假動靜偈。汝等誦取此偈，與吾意同。依此修行，不失宗旨。」衆僧作禮，請師作

六祖說：「神會小師父，已經得到了善、不善平等，毀譽無動於心，哀樂不生的佛家眞諦，其它人卻沒能修到這個境界。數年間在山中的修習，竟不知你們都修習些什麼佛道？你們今日悲傷哭泣，是在爲誰憂傷？如果是擔憂我今後不知會到那裡去，我自己知道我的去處。如果我不知道我的去處，也就不會預先告訴你們，我將離世。你們悲哀哭泣，應該是因爲不知我將去何方。如果知道我的去處，是不應該悲傷哭泣的。法性之身本來就沒有生滅、去來。你們都坐下，聽我爲你們說一首偈，這首偈名叫眞假動靜偈。你們只要誦唸學習這首偈，就能和我的意念相同。根據這首偈來修行，就不違背本門宗旨。」

偈。

偈曰：

一切無有眞，
不以見於眞。
若見於眞者，
是見盡非眞。
若能自有眞，
離假即心眞。
自心不離假，
無眞何處眞？
有情即解動，
無情即不動。
若修不動行，
同無情不動。

衆僧人向六祖行禮，請六祖作偈。

這首偈是這樣的：

世間一切現象都不是眞實存在，
不要以肉眼所見爲眞。
如果以爲所見是眞實者，
這種見完全都不是眞。
如果要保有自性眞如，
離卻假相就是自性眞如。
自心不離假相，
即不見眞如，何處還有眞？
有情衆生自然是能動，
無情萬物才是不動。
如果是要修不動念，
就與無情萬物一樣不動。

若覓眞不動，
動上有不動。
不動是不動，
無情無佛種。
能善分別相，
第一義不動。
但作如此見，
即是眞如用。
報諸學道人，
努力須用意。
莫於大乘門，
卻執生死智。
若言下相應，
即共論佛義。

如果要尋求眞正的不動。
心念變動之中，自有法性不動。
心念不動雖是不動，
卻如無情萬物，也就不具成佛種子。
要善加分別這一切外相，
第一義諦的佛性才是不動。
能持有這樣的見解，
才是眞如妙用。
奉勸各位學習佛道的人們，
勤修之中要懂得著力於心識。
不要入了大乘法門，
卻還執著於生死的小智慧。
如果在言語的當下，能心心相應，
就可以共同討論佛法義理。

若實不相應，
合掌令歡喜。
此宗本無諍，
諍即失道意。
執逆諍法門，
自性入生死。
時徒眾聞說偈已，普皆作禮。並體師意，各各攝心，依法修行，更不敢諍。
乃知大師不久住世，法海上座再拜問曰：「和尚入滅之後，衣法當付何人？」
師曰：「吾於大梵寺說法，以至於今，鈔錄流行，目

如果實在是不能相應，
就雙手合十祝福，使對方也歡喜。
本門宗旨本來就沒有爭辯之事，
爭辯便失去了佛道的本意。
如果一味爭辯哪個法門才是正確，
自性便要入於生死輪迴的大海。
當時門人們聽完這首偈後，都向六祖行禮。並且體會了六祖的心意，各自攝守心念，依法修行，不敢再有所爭執。
也因為知道六祖不久將離開人世，法海首座便又禮拜問道：「和尚圓寂之後，衣鉢將傳給誰？」
六祖說：「我從大梵寺開始講法至今，抄錄流行的內容，被稱作法寶壇經，你們諸位應該好

曰法寶壇經。汝等守護，遞相傳授，度諸群生。但依此說，是名正法。今爲汝等說法，不付其衣。蓋爲汝等信根淳熟，決定無疑，堪任大事。然據先祖達摩大師，付授偈意，衣不合傳，偈曰：

吾本來茲土，
傳法救迷情。
一華開五葉，
結果自然成。」

師復曰：「諸善知識，汝等各各淨心，聽吾說法。若欲成就種智，須達一相三昧、一

好維護，接續傳授，度化大衆。只要根據這部經來修行，就是所謂的正法。如今只爲你們講解佛法，而不交付衣缽。這是因爲你們諸位信心堅定，學習佛法已有成就，不再有疑惑，堪當大任。但是根據前代達摩祖師所囑咐的偈頌之意，衣缽也不該再傳。這首偈說：

我來到中土的本意，
就是要傳法救度迷惑的衆生。
一花開出五葉，
佛果自然成就。」

六祖又說道：「諸位善求佛道的人們，你們各自清淨本心，聽我講佛法。如果想要成就佛的一切智慧，就必須通達一相三昧、一行三昧的法

行三昧。若於一切處而不住相，於彼相中不生憎愛，亦無取捨，不念利益、成壞等事，安閑恬靜，虛融澹泊，此名一相三昧。若於一切處，行住坐臥，純一直心，不動道場，眞成淨土，此名一行三昧。若人具二三昧，如地有種，含藏長養，成熟其實。一相一行，亦復如是。

我今說法，猶如時雨，普潤大地。汝等佛性，譬諸種子，遇茲霑洽，悉皆發生。承吾旨者，決獲菩提，依吾行

門。如果在任何境界都不執著於境界的外相上，在那個境相中不生起憎愛之情，也沒有取此捨彼的心念，不念及利益和得失成敗等事，安適閑逸，恬靜淡泊，超然而融合，這就叫作一相三昧。如果在任何境界中，無論行、住、坐、臥，都能保持純正單一的直心，即使不入道場，也能成就淨土，這就叫作一行三昧。假如人們具備這一相與一行三昧，就像地裡有了種子，孕育生長，自然就會長出成熟的菩提果實。一相三昧、一行三昧的道理也就是這樣。

我今天講佛法，就像及時雨，普遍滋潤大地。你們自己的佛性，就如同種子，遇到這雨露的滋潤，都會發芽生長。能繼承我宗旨的人，一定會證得菩提正道。根據我講的佛法來修行，一

者，定證妙果。聽吾偈曰：

心地含諸種，
普雨悉皆萌。
頓悟華情已，
菩提果自成。」

師說偈已，曰：「其法無二，其心亦然。其道清淨，亦無諸相。汝等慎勿觀靜，及空其心。此心本淨，無可取捨。各自努力，隨緣好去。」爾時徒眾作禮而退。

大師七月八日，忽謂門人曰：「吾欲歸新州，汝等速理

定會證得真正的佛果。聽我的一首偈：

自心就如土地埋藏各種的種子，
普降甘雨時都長出了新芽。
一旦頓悟，各種迷情也跟著止息，
菩提道果自然可以證成。」

六祖說完偈後，又說：「佛法沒有兩樣，自心也是如此。佛道本來清淨，也沒有什麼形狀相貌。你們千萬謹慎，不要住心觀靜，以及斷滅自己的心念，執著於空。人的本心本來清淨，沒有什麼可以取捨的。各自努力進取，隨自己的機緣好好離去吧。」眾門徒聽了，一齊向六祖行禮後退席。

六祖在七月八日，忽然告訴門人說：「我想回到新州去，你們趕快準備船隻。」大家苦苦哀

舟楫。大眾哀留甚堅。」

師曰：「諸佛出現，猶示涅槃。有來必去，理亦常然。吾此形骸，歸必有所。」

眾曰：「師從此去，早晚可回？」

師曰：「葉落歸根，來時無口。」

又問曰：「正法眼藏傳付何人？」

師曰：「有道者得，無心者通。」

又問：「後莫有難否？」

師曰：「吾滅後五六年，

求，堅持挽留六祖。

六祖說：「諸佛出現於世間後，也都要示現涅槃。既有來必有去，這也是常情之理。我的這副身體，必然要有歸處。」

衆人問：「大師此去後，早晚還是要回來啊。」

六祖說：「葉落總要歸根，我來時也沒說什麼佛法。」

又問道：「印心佛法傳付給什麼人？」

六祖說：「誰能領悟佛道自然會得法，能無心自然通達。」

又問道：「將來是不是有什麼災難？」

六祖說：「我離世五六年後，會有一人來偷

當有一人來取吾首。聽吾記曰：

頭上養親，
口裡須餐。
遇滿之難，
楊柳為官。」

又云：「吾去七十年，有二菩薩，從東方來，一出家，一在家。同時興化，建立吾宗。締緝伽藍，昌隆法嗣。」

眾復作禮，問曰：「未知從上佛祖應現已來，傳授幾代，願垂開示。」

師云：「古佛應世，已無

我的首級。且聽我說幾句預言：

頭上須養親，
口裡須進餐。
遇滿來興難，
正是楊柳居官時。」

接著又說：「我離開七十年後，有兩位菩薩，從東方而來。一位是出家人，一位是在家人。他們同時振興佛法，教化眾生，建立我的宗門，修建廟宇，將佛法發揚光大，傳之久遠。」

大家再度向六祖禮拜，問道：「宗門佛法不知從佛祖開始至今，已經傳授了幾代？希望師父能說明。」

六祖說：「從古佛出現於世間以來，已經有

數量，不可計也。今以七佛爲始。過去莊嚴劫，毘婆尸佛、尸棄佛、毘舍浮佛；今賢劫，拘留孫佛、拘那含牟尼佛、迦葉佛、釋迦文佛，是爲七佛。

釋迦文佛：

首傳摩訶迦葉尊者，

第二，阿難尊者，

第三，商那和修尊者，

第四，優婆毱多尊者，

第五，提多迦尊者，

第六，彌遮迦尊者，

第七，婆須蜜多尊者，

第八，佛馱難提尊者，

無數諸佛，不能計算了。現在以過去七佛爲始。在過去的莊嚴劫時期，出現了毘婆尸佛、尸棄佛、毘舍浮佛；現今賢劫時期有拘留孫佛、拘那含牟尼佛、迦葉佛、釋迦牟尼佛，這是七佛。

釋迦牟尼佛以後的傳承如下：

第一代祖師是大迦葉尊者；

二祖是阿難尊者；

三祖是商那和修尊者；

四祖是優婆毱多尊者；

五祖是提多迦尊者；

六祖是彌遮迦尊者；

七祖是婆須蜜多尊者；

八祖是佛駄難提尊者；

第九，伏馱蜜多尊者，
第十，脅尊者，
十一、富那夜奢尊者，
十二、馬鳴大士，
十三、迦毗摩羅尊者，
十四、龍樹大士，
十五、迦那提婆尊者，
十六、羅睺羅多尊者，
十七、僧伽難提尊者，
十八、伽耶舍多尊者，
十九、鳩摩羅多尊者，
二十、闍耶多尊者，
二十一、婆修盤頭尊者，
二十二、摩拏羅尊者，

九祖是伏馱蜜多尊者；
十祖是脅尊者；
十一祖是富那夜奢尊者；
十二祖是馬鳴大士；
十三祖是迦毗摩羅尊者；
十四祖是龍樹大士；
十五祖是迦那提婆尊者；
十六祖是羅睺羅多尊者；
十七祖是僧伽難提尊者；
十八祖是伽耶舍多尊者；
十九祖是鳩摩羅多尊者；
二十祖是闍耶多尊者；
二十一祖是婆修盤頭尊者；
二十二祖是摩拏羅尊者；

二十三、鶴勒那尊者，
二十四、師子尊者，
二十五、婆舍斯多尊者，
二十六、不如蜜多尊者，
二十七、般若多羅尊者，
二十八、菩提達摩尊者，
二十九、慧可大師，
三十、僧璨大師，
三十一、道信大師，
三十二、弘忍大師，
惠能是為三十三祖。

從上諸祖，各有稟承。汝等向後，遞代流傳，毋令乖誤。」

二十三祖是鶴勒那尊者；
二十四祖是師子尊者；
二十五祖是婆舍斯多尊者；
二十六祖是不如蜜多尊者；
二十七祖是般若多羅尊者；
二十八祖是菩提達摩尊者；
二十九祖是慧可大師；
三十祖是僧璨大師；
三十一祖是道信大師；
三十二祖是弘忍大師；
惠能是第三十三祖。

以上諸位祖師，都有傳承關係。你們諸位將來也要代代相傳，不要使佛法有所中斷失傳。」

大師先天二年癸丑歲，八月初三日，於國恩寺齋罷，謂諸徒眾曰：「汝等各依位坐，吾與汝別。」

法海白言：「和尚留何教法，令後代迷人得見佛性？」

師曰：「汝等諦聽。後代迷人，若識眾生，即是佛性。若不識眾生，萬劫覓佛難逢。吾今教汝識自心眾生，見自心佛性。欲求見佛，但識眾生。只為眾生迷佛，非是佛迷眾生。自性若悟，眾生是佛。自性若迷，佛是眾生。自性平

六祖在先天二年八月初三這一天，在國恩寺用完齋飯後，對諸位門人說：「你們各按位次坐好，我要與你們道別。」

法海對六祖說：「不知和尚留下什麼教法，好讓後代迷誤之人能夠見悟佛性？」

六祖說：「你們好好地聽著。後代迷惑的人，如果能夠認識到什麼是眾生，那就是佛性的顯現。如果不能認識什麼是眾生，即便是在累世的時間裡也難以尋找到眞正的佛。我現在教你們從認識自己心中的眾生，來見悟自己心中的佛性。要想見悟佛性，必須認識到什麼是眾生。只因為眾生自己迷障佛性，並非是佛迷障眾生。自性若能覺悟，那麼眾生就是佛。自性如果迷惑，

等，眾生是佛。自性邪險，佛是眾生。汝等心若險曲，即佛在眾生中。一念平直，即是眾生成佛。我心自有佛，自佛是眞佛。自若無佛心，何處求眞佛？汝等自心是佛，更莫狐疑。

外無一物而能建立，皆是本心生萬種法。故經云：心生種種法生，心滅種種法滅。吾今留一偈，與汝等別，名自性眞佛偈。後代之人識此偈意，自見本心，自成佛道。」

偈曰：

那麼佛就是眾生。能了解自性平等，眾生就是佛。自性如果懷有邪見，佛就是眾生。你們心中如果險惡邪曲，就等於佛在眾生之中。如果心念公平正直，眾生便成就了佛道。自己的心中自有佛性存在，自心的佛性才是眞正的佛。自己如果沒有佛心，還到什麼地方去求眞正的佛呢？你們各自的心便是佛，再不要有所懷疑了。

心外沒有一件事物能夠成立，都是由自己的本心才生出萬象萬物。所以佛經上說，心念生起，各種現象跟著出現；心念滅了，各種現象也跟著滅除。我今天留下一首偈，和你們道別，這首偈名叫自性眞佛偈。後代的人如果能夠了解此偈含義，自然能自見本心，自己成就佛道。

這偈是這樣說的：

眞如自性是眞佛，
邪見三毒是魔王。
邪迷之時魔在舍，
正見之時佛在堂。
性中邪見三毒生，
即是魔王來住舍。
正見自除三毒心，
魔變成佛眞無假。
法身報身及化身，
三身本來是一身。
若向性中能自見，
即是成佛菩提因。
本從化身生淨性，

自己心中的眞如自性是眞佛，
邪見、三毒是心中的魔王。
邪見迷惑生起時，就如魔住在屋（身體）中，
正見生起時，就像佛在廳堂（身體）中。
自性中若存邪見，三毒便生起，
也就是魔王來住在屋舍（身體）中。
心中若存正見，自然能滅除三毒的心念，
魔王變成了佛，眞正不假。
法身、報身、化身，
這三身本來就是一身。
若能向本性中見悟自性，
就是成佛的悟道因緣。
本來就是從化身中生起清淨本性，

淨性常在化身中。
性使化身行正道，
當來圓滿眞無窮。
淫性本是淨性因，
除淫即是淨性身。
性中各自離五欲，
見性剎那即是眞。
今生若遇頓教門，
忽遇自性見世尊。
若欲修行覓作佛，
不知何處擬求眞？
若能心中自見眞，
有眞即是成佛因。

清淨本性恆常在化身中。
淨性引導化身依正道而行，
自然能圓滿成就無量佛道。
淫欲之性本是清淨性顯現的因緣，
除去淫性就是清淨本性之身。
從自性中遠離外境色、聲、香、味、觸所引起的五欲，
見悟自性的剎那便是眞如佛性。
今生如果得遇頓悟法門，
頓然間遇上自性就是見到世尊。
如果是向外去修，希望找到成佛之路，
不知要到何處才能找到眞如佛性？
如果能在自心中見到眞如佛性，
這眞如佛性就是成佛的因緣。

不見自性外覓佛，
起心總是大癡人。
頓教法門今已留，
救度世人須自修。
報汝當來學道者，
不作此見大悠悠。」
師說偈已，告曰：「汝等好住，吾滅度後，莫作世情悲泣雨淚。受人弔問，身著孝服，非吾弟子，亦非正法。但識自本心，見自本性，無動無靜，無生無滅，無去無來，無是無非，無住無往。恐汝等心迷，不會吾意，今再囑汝，令

不去見悟自性，卻向外尋求佛道，
存有這樣的心念，就是大癡人。
如今頓悟法門已留給諸位了，
要想救度世人必須依靠自己修行。
奉勸未來學佛的人們，
不建立這種觀念就是在浪費時光。」
六祖說完偈後，告訴大家：「你們自己珍重，我滅度之後，不要像世俗人那樣悲傷哭泣。接受世人的弔慰，身穿孝服的人，不是我的弟子，也不是眞正的佛法。只要認識自己的本心，見悟自己的本性，既無動也無靜，既無生也無滅，既無去也無來，既無是也無非，既無住留也無去往。擔心你們心中迷惑，不理解我的心思，現今再次囑咐你們，使你們眞正見悟本性。我滅

汝見性。吾滅度後，依此修行，如吾在日。若違吾教，縱吾在世，亦無有益。」

復說偈曰：

兀兀不修善，

騰騰不造惡。

寂寂斷見聞，

蕩蕩心無著。

師說偈已，端坐至三更，忽謂門人曰：「吾行矣。」奄然遷化。於時異香滿室，白虹屬地，林木變白，禽獸哀鳴。

十一月，廣、韶、新三郡官僚，洎門人僧俗，爭迎眞

度之後，根據這首偈來修行，就像我在世間一樣。如果違背我的教誨，即便是我仍在世間，也沒有什麼益處。」

六祖又說一首偈：

平淡不修世間善行，

興然動起也不造世間惡行。

寂靜之間斷離一切見聞，

動盪之間心念不執著。

六祖說完偈後，一直端坐到三更時分，忽然對門人說：「我走了。」便溘然而逝。這時滿室彌漫著特殊的香味，出現一道白虹自天落地。四周林木都盡染成白色，滿山禽獸哀鳴。

十一月，廣州、韶州、新州三郡的官員，及門人、僧侶、百姓，都爭相迎請六祖的眞身，不

身，莫決所之。乃焚香禱曰：「香煙指處，師所歸焉。」時香煙直貫曹溪。十一月十三日，遷神龕併所傳衣鉢而回。

次年七月二十五日出龕，弟子方辯以香泥上之。門人憶念取首之記，遂先以鐵葉漆布，固護師頸入塔。忽於塔內白光出現，直上沖天，三日始散。

韶州奏聞，奉敕立碑，紀師道行。師春秋七十有六，年二十四傳衣，三十九祝髮，說法利生三十七載。得旨嗣法者

能決定到底要迎請到何方。於是大家燃香禱祝：「香煙指向何方，便是六祖大師的回歸之地。」當時香煙直飛到曹溪地方。十一月十三日，眾人便將神龕以及所傳的衣鉢等物移到曹溪。

第二年七月二十五日將六祖眞身從神龕中請出，弟子方辯用香泥塗在六祖身上。弟子們想起六祖生前所說有人取首的預言，就先用鐵片和漆布牢牢地包住六祖的脖子，然後放入塔中。這時忽然從塔內出現一道白光，直沖天上，三天之後方才散去。

韶州官員將六祖入塔之事上奏朝廷。朝廷敕命立碑，記載六祖一生傳法的事跡。六祖在世七十六年，二十四歲時得弘忍大師的衣鉢，三十九歲落髮，傳法度化衆生三十七年。得到六祖法旨

四十三人，悟道超凡者莫知其數。達摩所傳信衣，中宗賜磨衲寶鉢，及方辯塑師眞相，并道具等，主塔侍者尸之，永鎭寶林道場。流傳壇經，以顯宗旨。此皆興隆三寶，普利群生者。

的弟子四十三人，悟道解脫生死的人，不知其數。達摩所傳的袈裟，唐中宗欽賜的磨衲衣、水晶鉢，及方辯所塑的六祖眞像，以及六祖大師所用的法器等，都由管理守護寶塔的侍者保存，永遠鎭守寶林寺道場。刻印流傳《壇經》，以顯揚頓教法門的宗旨。這些都是弘揚佛、法、僧三寶，普遍利益衆生的善事。

解說

禪宗修行，除了理念的闡述，最終還是要匯歸於實修。本品就是惠能對實修及說法方面的咐囑，要弟子們依序修行。

三科法門

三科法門分別言之就是五陰、十二入、十八界：

五陰：色、受、想、行、識。

十二入：外六塵：色、聲、香、味、觸、法；內六門：眼、耳、鼻、舌、身、意。兩者合爲十二入。

十八界：外六塵、內六門加上六識：眼識、耳識、鼻識、舌識、身識、意識。

五陰構成「我」，使「我」有內六門可以感知外六塵帶來的影響，轉而由自心中生出六識。綜合言之，就是作爲生命外在主體的我，與由自性生起的認知功能，構成人的感覺與精神的活動，這便是生命活動的現象。修行就是去認識這些活動的虛假性。

如何去認知這一切都是虛假？方法便是三十六對。三十六對將世界分爲三類：無情五對；現象與概念表達十二對；自性的作用十九對。三十六種相對論法，其實就是龍樹的中道論，也是《維摩詰經》所說的入不二法門。藉著相對存在的現象論法，從本質上追求空的眞義，而泯除一切事物與現象的差別相，方能入於空的實相。從而否定生命的眞實存在，從根本上破除「我執」，能破「我執」，也就沒有什麼不能破除的。

般若智慧

從現象的分析，到破除虛妄的現象，依靠的就是認知實相的智慧，而不是一心觀淨，或如草木枯石無情之物。無我的境界不是生命的結束，而是活潑靈動，無所滯礙的生命。所以惠能要說：「若修不動行，同無情不動……無情無佛種。」這種啓發自性之智的修行，具體的表現便是「一相三昧」、「一行三昧」。

一相三昧是在任何時地，都不住留、執取任何相狀，沒有差別相、沒有取捨、沒有愛恨、沒有利害，只有空的實相。一行三昧是指無論行、住、坐、臥都能以一直心而行。只要具備這三昧，人間便是淨土、自性便是佛。

文末惠能將禪宗自古佛應世、大迦葉拈花微笑、達摩東來的傳法世系，作了系統的說明。並作了一些預言式的交代，以及身後事的安排。惠能一句：「諸佛出現，猶示涅槃。」正是要弟子們認識生命的不可執取，與宇宙的自然規律。最後說的一首偈：「兀兀不修善，騰騰不造惡。寂寂斷見聞，蕩蕩心無著。」仍是一再強調「不執取」的心念。惠能禪法無它，就是在這不執取的心。

國家圖書館出版品預行編目(CIP)資料

六祖壇經輕鬆讀：暗夜烏鴉 / 蕭振士編譯. -- 初版. --
新北市 : 大喜文化, 2017.11
面 ; 公分. --(淡活智在 ; 12)
ISBN 978-986-95416-2-6(平裝)
1.六祖壇經
226.62 106015670

淡活智在12

六祖壇經輕鬆讀：暗夜烏鴉

編　　譯	蕭振士
編　　輯	蔡昇峰
發 行 人	梁崇明
出 版 者	大喜文化有限公司
登 記 證	行政院新聞局局版台省業字第244號
P.O.BOX	中和市郵政第2-193號信箱
發 行 處	新北市中和區板南路498號7樓之2
電　　話	（02）2223-1391
傳　　真	（02）2223-1077
劃撥帳號	53711606　大喜文化有限公司
E-mail	joy131499@gmail.com
銀行匯款	銀行代號：050，帳號：002-120-348-27 臺灣企銀，帳戶：大喜文化有限公司
劃撥帳號	5023-2915，帳戶：大喜文化有限公司
總經銷商	聯合發行股份有限公司
地　　址	231新北市新店區寶橋路235巷6弄6號2樓
電　　話	（02）2917-8022
傳　　真	（02）2915-7212
初　　版	西元2017年11月
流 通 費	新台幣280元
網　　址	www.facebook.com/joy131499

ISBN 978-986-95416-2-6